Pocket-Sprachkurs
DÄNISCH

Lernen in kleinen Portionen
Mit Audio-Download

von
Pernille Hjorth

PONS

Pocket-Sprachkurs
DÄNISCH

von
Pernille Hjorth

6. Auflage 2026

Redaktion: Eva Eckinger
Logoentwurf: Erwin Poell, Heidelberg
Logoüberarbeitung: Sabine Redlin, Ludwigsburg
Layout: one pm, Petra Michel, Essen
Einbandgestaltung: Mariela Schwerdt, Design & Feinschliff Studio
Satz: Design Depot Ltd., www.design-depot.eu
Druck und Bindung: Multiprint Ltd., Kostinbrod

ISBN: 978-3-12-562171-8

Sie möchten in kleinen Portionen erste Kenntnisse in Dänisch erlangen? Mit dem **Pocket-Sprachkurs Dänisch** haben Sie zwei Möglichkeiten, um schnell und einfach zu lernen – je nachdem, wie viel Zeit Sie aufwenden möchten.

1. Sie haben nicht viel Zeit? Kein Problem!

Beginnen Sie direkt mit den **MITREDEN!-Seiten**. Die zehn farbig hinterlegten Seiten, die im ganzen Buch verteilt sind, fassen die wichtigsten Wörter und Sätze zusammen.

- Sie lernen das Allerwichtigste, um sich vor Ort zu verständigen.
- Sie können die für Sie wichtigen Themen in beliebiger Reihenfolge lernen.

MITREDEN!

2. Sie möchten tiefer einsteigen? Auch kein Problem!

Mit den **25 Mini-Lektionen** können Sie ganz einfach Grundkenntnisse in Dänisch erlangen und mitreden.

- Jede Lektion besteht aus vier Seiten. Hier werden alle wichtigen **Themen rund um Urlaub und Alltag** behandelt.
- In den **Übungen** können Sie das Gelernte sofort trainieren.
- Die **Lösungen** dazu finden Sie immer auf der rechten Seite unten.

Folgende **Symbole** werden Ihnen im Buch begegnen:

verweist auf die zugehörige MP3-Hördatei, die Sie unter **www.pons.de/pocket-sprachkurs-DK** finden.

§ verweist auf ein Grammatikthema, das in der Grammatik im Anhang ausführlicher erklärt wird.

verweist auf interkulturelle Tipps, die Ihnen Informationen zu Land und Leuten geben.

Im **Anhang** des Buches finden Sie

- **die Grammatik:** Alle im Kurs behandelten Grammatikthemen werden hier anschaulich erklärt.
- **den Lektionswortschatz:** Hier können Sie den thematischen Wortschatz lektionsweise mitlernen.

Viel Spaß und Erfolg!
Ihre PONS-Redaktion

1

a (lang)	t**a**le	wie engl. h**a**m
a (kurz) vor	fr**a**nsk	wie in l**a**ng
b	**b**ager	wie in **B**ohne
c (vor e, æ, y, ø)	**c**ykel	wie ß in rei**ß**en, stimmlos
c (vor a, o, u, å)	**c**amping	wie k in **K**ahn
d am Wortanfang	**d**ag	wie d in **D**elle
d nach Vokalen	he**dd**e	ähnlich wie engl. **th**e
d am Wortende	man**d**	stumm
e (lang)	**e**n	wie e in **e**wig
e (kurz)	s**e**ng	wie e in **e**ng
f	**f**ar	wie f in **f**allen
g am Wortanfang	**g**ift	wie g in **G**ans
g (nach a, e, i, æ, ø, y)	ka**g**e	wie j in **J**anuar
h	**h**als	wie h in **H**alle
h (vor j und v)	**hj**ælp	wie j in **j**eder
i (lang)	v**i**n	wie ie in W**ie**n
i (kurz)	sp**i**lle	wie i in P**i**lle
j	**j**ul	wie j in **j**eder
k	**k**affe	wie k in **K**anne
l	**l**uft	wie l in **L**uft
lg	væ**lg**e	wie **lj**
m	**m**and	wie m in **m**it
n	**n**at	wie n in **n**ie
ng	la**ng**	wie ng in la**ng**

o (lang)	mo**r**	etwas geschlossener als in Ofen
o (kurz)	**o**nsdag	wie u in **u**nd
	ofte	wie o in **o**ft
p	**p**enge	wie p in **P**ark
r am Wortanfang	**r**olig	gerolltes r wie in **R**ose
r nach Vokalen	mo**r**	wie in nu**r**
s	**s**alt	wie ß in rei**ß**en, stimmlos stimmlosstimmlos
t	**t**id	wie t in **T**eller
u (lang)	**u**ge	wie u in M**u**t
v	**v**and	wie w in **W**asser, stimmhaft
v nach l	tol**v**	stumm
w	**w**ienerbrød	wie w in **W**asser, stimmhaft
y (lang)	t**y**ve	wie ü in **ü**ber
y (kurz)	st**y**kke	wie ü in h**ü**pfen
å (lang)	**å**r	wie o in **O**hr
å (kurz)	h**å**nd	wie o in **O**tter
æ (lang)	l**æ**se	wie ä in R**ä**te
æ (kurz)	b**æ**r	wie ä in h**ä**tte
ø (lang)	p**ø**lse	wie ö in **ö**de
ø (kurz)	s**ø**n	wie ö in R**ö**cke

Normalerweise wird die erste Silbe im Wort betont: **gade** *Straße* oder **billede** *Bild*. Eine Ausnahme davon sind Wörter mit den Vorsilben **be-, ge-, er-** und **for-**. Ein Vokal ist im Allgemeinen vor mehreren Konsonanten kurz (**kaffe** *Kaffee*) und vor einfachen Konsonanten lang (**kage** *Kuchen*).

Smalltalk 2

Hej	Hallo	**Hej/hej hej**	Tschüss
Goddag	Guten Tag	**Farvel**	Auf Wiedersehen
Godaften	Guten Abend	**Ha' det godt!**	Mach's gut!
Godnat	Gute Nacht	**Vi ses!**	Wir sehen uns!

3

Länder und Sprachen 4

Danmark	Dänemark	**dansk**	Dänisch
Tyskland	Deutschland	**tysk**	Deutsch
England	England	**engelsk**	Englisch
Frankrig	Frankreich	**fransk**	Französisch
Spanien	Spanien	**spansk**	Spanisch
Sverige	Schweden	**svensk**	Schwedisch
Norge	Norwegen	**norsk**	Norwegisch

Grundwortschatz 5

ja
ja

nej
nein

Det forstår jeg ikke.
Das verstehe ich nicht.

Værsgo'!
Bitte!

måske
vielleicht

Undskyld.
Entschuldigung.

Det ved jeg ikke.
Das weiß ich nicht.

Mange tak.
Vielen Dank.

Det var så lidt.
Nichts zu danken.

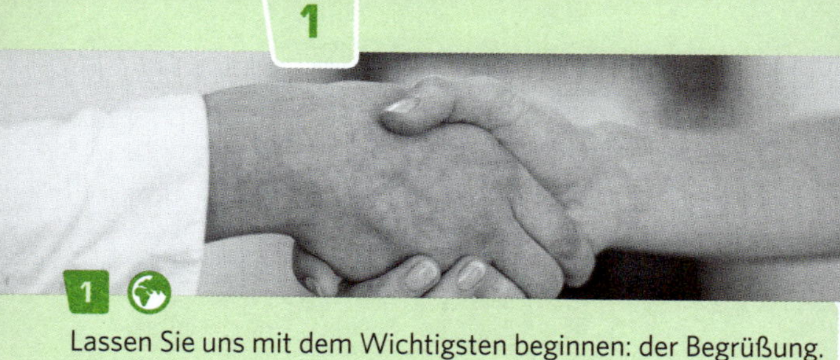

Lassen Sie uns mit dem Wichtigsten beginnen: der Begrüßung. Beim Kennenlernen reichen Sie Ihrem Gegenüber zur Begrüßung die Hand. Bekannte begrüßen sich häufig mit **hej** *Hallo* und **dav(s)** *Tag*. Dies sind die gebräuchlichsten Begrüßungen, die Sie zu jeder Tageszeit anwenden können. Zur Verabschiedung können Sie **hej** oder **hej hej** *tschüss* sagen.

2 6

Hören Sie sich die verschiedenen Begrüßungen an und sprechen Sie diese nach.

Hej	*Hallo*
Dav(s)	*Tag*
Goddag	*Guten Tag*
Godmorgen	*Guten Morgen*
Godaften	*Guten Abend*
Hvordan har du det?	*Wie geht es dir?*
Hej / hej hej	*Tschüss*
Farvel	*Auf Wiedersehen*
Ha' det godt!	*Mach's gut!*
Vi ses!	*Wir sehen uns!*
Godnat	*Gute Nacht*

3

Es gibt folgende Möglichkeiten, sich selbst vorzustellen: **Jeg hedder** ... *Ich heiße* und etwas formeller **Mit navn er** ... *Mein Name ist* ...

Stellt man eine oder mehrere Personen vor, wird der Satz mit **Det er** ... *Das ist* ... eingeleitet: **Det er Niels. Det er Niels og Maria**.

4 7

Hören Sie sich an, wie die Dänen sich begrüßen und sich vorstellen. Ergänzen Sie die Sätze.

__________ **1**! Jeg hedder Per. Hvad hedder du?

Dav! Jeg __________ **2** Susanne.

__________ **3**! Mit navn er Maria Olsen. Hvad hedder du?

Goddag! Mit __________ **4** er Anders Nielsen.

5 8

Notieren Sie, in welcher Reihenfolge die dänischen Städte genannt werden. Wissen Sie, in welchem Landesteil Dänemarks sie liegen?

Odense __________	Århus ______	Skagen ________
Nyborg __________	København ______	Ålborg ________

LÖSUNG

4 **1.** Hej; **2.** hedder; **3.** Goddag; **4.** navn • **5** Århus / Jylland; Nyborg / Fyn; Ålborg / Jylland; Odense / Fyn; København / Sjælland; Skagen / Jylland

Wie man sich nach dem Geburtsort sowie dem Wohnort einer Person erkundigt, erfahren Sie anhand der folgenden Dialoge. Verbinden Sie die Sätze mit der entsprechenden Antwort.

Hvor kommer du fra?	*Woher kommst du?*
Hvor bor du?	*Wo wohnst du?*

1. Per kommer fra	___ **A** København
2. Susanne kommer fra	___ **B** Odense
3. Per bor i	___ **C** København Centrum
4. Susanne bor i	___ **D** Vanløse

6 § 7 10

Bei den Verben gibt es nur eine Form für alle Personen. Das Präsens endet nämlich auf **-(e)r**. Der Infinitiv endet in der Regel auf **-e**.

Infinitiv (-e)		Präsens -(e)r	
være	*sein*	**jeg er**	*ich bin*
		du er	*du bist*
komme	*kommen*	**jeg kommer**	*ich komme*
		du kommer	*du kommst*
hedde	*heißen*	**jeg hedder**	*ich heiße*
		du hedder	*du heißt*
bo	*wohnen*	**jeg bor**	*ich wohne*
		du bor	*du wohnst*

8 11

Hören Sie sich die Aussprache der Ländernamen an und schreiben Sie anschließend die Landessprache (A–F) sowie die Nationalitäten (G–L) hinzu.

A dansk • **B** fransk • **C** engelsk • **D** tysk • **E** norsk • **F** svensk

G franskmand • **H** dansker • **I** nordmand • **J** englænder • **K** svensker • **L** tysker

1. **Danmark** – *Dänemark* __________
2. **Tyskland** – *Deutschland* __________
3. **Norge** – *Norwegen* __________
4. **Frankrig** – *Frankreich* __________
5. **Sverige** – *Schweden* __________
6. **England** – *England* __________

LÖSUNG

6 1.B; 2.A; 3.D; 4.C • **8** 1.A/H; 2.D/L; 3.E/I; 4.B/G; 5.F/K; 6.C/J

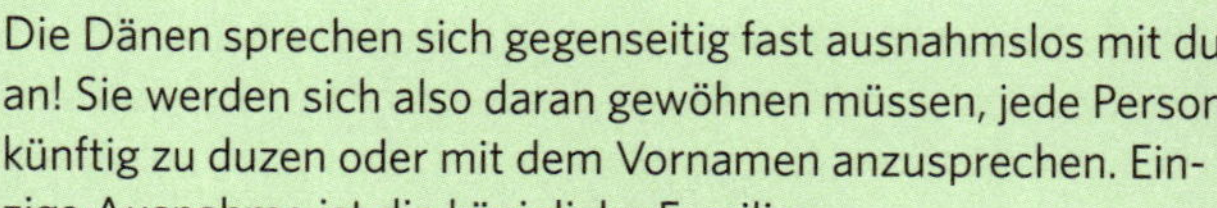

Die Dänen sprechen sich gegenseitig fast ausnahmslos mit du an! Sie werden sich also daran gewöhnen müssen, jede Person künftig zu duzen oder mit dem Vornamen anzusprechen. Einzige Ausnahme ist die königliche Familie.

Die häufigste Form, jemanden nach dem Befinden zu fragen, ist:

Hvordan går det?	*Wie geht's?*
Det går godt, tak.	*Es geht gut, danke.*
Hvordan har du det?	*Wie geht es dir?* (wörtl. *Wie hast du es?*)
Jeg har det godt, tak.	*Mir geht es gut, danke.*
Det går meget godt.	*Es geht sehr gut.*
Jeg har det fint.	*Mir geht es gut.*
Jeg har det ikke så godt.	*Mir geht es nicht so gut.*
Jeg har det dårligt.	*Mir geht es schlecht.*

Wie geht es Per, Susanne und Michael? Hören Sie dem Gespräch zu und kreuzen Sie die richtige Antwort an.

1. Hej Per. Hvordan går det?
- **A** Godt.
- **B** Meget godt.
- **C** Ikke så godt.

2. Hvordan har du det, Susanne?
- **A** Fint.
- **B** Ikke så godt.
- **C** Godt.

3. Hvordan går det med dig, Michael?
- **A** Meget godt.
- **B** Ikke så godt.
- **C** Fint.

Lernen Sie, Angaben zu Ihrer Person zu machen. Hören Sie zu und sprechen Sie nach.

Er du gift?	*Bist du verheiratet?*
ugift	*unverheiratet, ledig*
fraskilt	*geschieden*
Har du børn?	*Hast du Kinder?*
datter	*Tochter*
søn	*Sohn*
mor	*Mutter*
far	*Vater*
forældre	*Eltern*
søster	*Schwester*
bror	*Bruder*
kone	*Ehefrau*
mand	*Ehemann*

LÖSUNG

3 1.B; 2.C; 3.B

Im Vergleich zum Deutschen verfügt das Dänische über deutlich mehr und weitaus differenziertere Verwandtschaftsbezeichnungen. So heißt z. B. die Großmutter mütterlicherseits **mormor**, also *Mutters Mutter*

en mormor	*Großmutter mütterlicherseits*
en farmor	*Großmutter väterlicherseits*
en morfar	*Großvater mütterlicherseits*
en farfar	*Großvater (väterlicherseits)*
en morbror	*Onkel (mütterlicherseits)*
en farbror	*Onkel (väterlicherseits)*
et barnebarn	*Enkel(in) (generell)*

Im Dänischen gibt es nur zwei unbestimmte Artikel: **en**-Wörter (Utrum) und **et**-Wörter (Neutrum): **en far** – *ein Vater*, **et barnebarn** – *ein(e) Enkel(in).*

Im Dänischen sind ca. 75 % aller Wörter Utrum, also en-Wörter.

Der Genitiv

Der Genitiv wird sowohl im Singular als auch im Plural durch das Hinzufügen eines **-s** an das Substantiv oder den Personennamen gebildet.

Fars bror – *der Bruder des Vaters*
Susannes mor – *Susannes Mutter*

16

Eine Familie wird vorgestellt. Unterstreichen Sie den Genitiv.

Her er Susanne. Ib er Susannes far. Lotte er Susannes mor. Susanne har også bedsteforældre. Søren er Lottes far og Susannes morfar. Anne er Lottes mor og Susannes mormor. Bo er Ibs far og Susannes farfar. Lise er Ibs mor og Susannes farmor.

Lesen Sie nochmals den Text in Übung 8. Ergänzen Sie Susannes Stammbaum mit den richtigen Personennamen.

1. mor ______________

2. far ______________

3. mormor ______________

4. morfar ______________

5. farmor ______________

6. farfar ______________

LÖSUNG

8 Susannes, Susannes, Lottes, Susannes, Lottes, Susannes, Ibs, Susannes, Ibs, Susannes • **9 1.** Lotte; **2.** Ib; **3.** Anne; **4.** Søren; **5.** Lise; **6.** Bo

Die Dänen verstehen sich selbst als ein gemütliches (**hyggeligt**) Volk. Sie haben ein entspanntes Verhältnis zum Leben und gehen oft mit Humor sowie Leichtigkeit an die Dinge heran.

Mit diesen Adjektiven können Sie den Charakter einer Person beschreiben.

sød	*nett*
sympatisk	*sympathisch*
usympatisk	*unsympathisch*
venlig	*freundlich*
glad	*fröhlich*
genert	*schüchtern*
fræk	*frech*
flot	*schick*
smuk	*hübsch*
dum	*dumm*
klog	*klug*

2 18 6

Hier finden Sie die Zahlen von 1 bis 20. Sprechen Sie diese nach.

1 en • 2 to • 3 tre • 4 fire • 5 fem • 6 seks • 7 syv • 8 otte • 9 ni • 10 ti

11 elleve • 12 tolv • 13 tretten • 14 fjorten • 15 femten • 16 seksten • 17 sytten • 18 atten • 19 nitten • 20 tyve

Ähnlich wie im Deutschen werden die Adjektive an das Geschlecht der Substantive angepasst. Beschreibt das Adjektiv ein **en**-Wort, bleibt es unverändert. Gehört es jedoch mit einem **et**-Wort zusammen, wird ein **-t** am Wortende ergänzt.

en glad pige	*ein fröhliches Mädchen*
et sødt barn	*ein süßes Kind*

Endet das Adjektiv in seiner Grundform bereits auf **-t**, bleibt es im Neutrum in der Regel unverändert.

en genert pige	*ein schüchternes Mädchen*
et genert barn	*ein schüchternes Kind*

Im Plural besitzt das Adjektiv nur eine Endung – unabhängig von Geschlecht und Stellung des zugehörigen Substantivs lautet diese **-e**.

Bilden Sie die Utrum- und Neutrum-Formen der folgenden Adjektive.

1. en ____________ pige *(nett)*

2. en ____________ mand *(freundlich)*

3. et ____________ barnebarn *(klug)*

4. en ____________ dansker *(fröhlich)*

LÖSUNG

4 1. sød; **2.** venlig; **3.** klogt; **4.** glad

Mit diesen Vokabeln können Sie das Aussehen einer Person beschreiben.

stor	*groß*
lille	*klein*
tyk	*dick*
tynd	*dünn*
slank	*schlank*
ung	*jung*
gammel	*alt*
muskuløs	*muskulös*
høj	*groß (in Bezug auf die Körpergröße)*

6 § 5 20

Um andere Personen zu beschreiben, benötigen Sie die Personalpronomen.

jeg er	*ich bin*
du er	*du bist*
han er	*er ist*
hun er	*sie ist*
den er	*es ist*
det er	*das ist*
vi er	*wir sind*
I er	*Ihr seid*
de / (De) er	*sie / (Sie) sind*

Hvor gammel er du? *Wie alt bist du?*
Jeg er ti år gammel. *Ich bin zehn Jahre alt.*

Ihr wird im Dänischen mit einem großen **I** geschrieben, **i** in Kleinschreibung bedeutet *in*.

Hvem er det? *Wer ist das?*

Lesen Sie die Texte durch und verbinden Sie die Fotos mit der entsprechenden Beschreibung.

____ **A** Det er Hans. Han er dansker og kommer fra København. Han er 20 år gammel. Han er høj og muskuløs.

____ **B** Jeg hedder Pierre. Jeg er franskmand og bor i Paris. Jeg er gammel og meget klog.

____ **C** Sofie har en sød datter. Hun hedder Anna. Hun er 8 år gammel og meget genert.

LÖSUNG

7 1.C; 2.B; 3.A

Einkaufen  22

på apoteket	in der Apotheke
på torvet	auf dem Markt
hos bageren	beim Bäcker
hos slagteren	beim Metzger
hos grønthandleren	beim Obst-/Gemüsehändler
i supermarkedet	im Supermarkt
i døgnkiosken	im Kiosk

23

Hvad skal det være?
Was darf es sein?

Jeg skal have et stykke ost.
Ich hätte gerne ein Stück Käse.

Ellers andet?
Sonst noch etwas?

Nej, tak.
Nein, danke.

24

smør	Butter	**leverpostej**	Leberpastete
yoghurt	Joghurt	**kartofler**	Kartoffeln
pølse	Wurst	**tomater**	Tomaten
rugbrød	Vollkornbrot	**sild**	Hering
franskbrød	Weizenbrot	**kylling**	Hähnchen
appelsiner	Orangen	**kød**	Fleisch
pærer	Birnen		

Im Restaurant 25

Jeg vil gerne have ...
Ich hätte gerne ...

en kop kaffe med sukker	eine Tasse Kaffee mit Zucker
en kop te	eine Tasse Tee
en kop chokolade	eine Tasse Kakao
et lille stykke kage	ein kleines Stück Kuchen
en danskvand	ein Mineralwasser
en juice	einen Fruchtsaft
et glas vin	ein Glas Wein
en øl	ein Bier
Skål!	Prost!
en gang pomfritter	einmal Pommes Frites
dagens ret	Tagesgericht

 26

stærk	scharf
sød	süß
saltet	salzig
lækker	lecker
kedelig	langweilig, fade

Die Währung in Dänemark ist die dänische Krone, die wiederum in 100 Øre unterteilt ist. Viele Waren im Supermarkt sind aber mit Preisen ausgezeichnet, die auf 95 Øre enden. An der Kasse wird immer zur kleinsten dänischen Zahlungseinheit, der 50 Øre-Münze oder zur Krone auf- bzw. abgerundet. So werden z. B. 9,95 Kronen auf 10 Kronen gerundet.

Hören Sie sich an, wie die Geschäfte auf Dänisch heißen und sprechen Sie nach. Achten Sie auf die **Präpositionen.**

på apoteket	*in der Apotheke*
på torvet	*auf dem Markt*
hos bageren	*beim Bäcker*
hos slagteren	*beim Metzger*
hos Grønthandleren	*beim Obst- und Gemüsehändler*
hos fiskehandleren	*beim Fischhändler*
i supermarkedet	*im Supermarkt*
i døgnkiosken	*im Kiosk*

Bei Geschäften verwenden Sie die Präpositionen folgendermaßen: Wenn der Ladenbesitzer, also die **Person,** gemeint ist, dann verwendet man **hos**: **Jeg er hos bageren**, während man meist **i** gebraucht, wenn das Geschäft gemeint ist: **i supermarkedet**.

Hören Sie die Zahlen von 20 bis 100 und sprechen Sie diese nach.

20 21 22 23 30 40 50 60 70 80 90 100

4 29

Sie können jetzt mit Susanne auf den Markt gehen.

Grønthandler: Hvad skulle det være?
Was soll es sein?

Susanne: Jeg skal have nogle æg.
Ich möchte ein paar Eier haben.

Grønthandler: Ja tak, hvor mange?
Ja gerne, wie viele?

Susanne: 6 styk, tak.
6 Stück, danke.

Grønthandler: Værsgo. Ellers andet?
Bitte, sonst noch etwas?

Susanne: Ja, jeg skal også have noget fetaost.
Ja, ich möchte auch etwas Fetakäse haben.

Grønthandler: Hvor meget?
Wie viel?

Susanne: 250 gram, tak.
250 Gramm, danke.

Grønthandler: Værsgo. Det bliver 35 kroner. Tak. Farvel.
Bitte. Das macht 35 Kronen. Danke. Tschüss.

Susanne: Farvel.
Tschüss.

  30

Hier finden Sie eine Liste der wichtigsten Lebensmittel.

mælk	*Milch*	**sild**	*Hering*
ost	*Käse*	**syltetøj**	*Marmelade*
smør	*Butter*	**leverpostej**	*Leberpastete*
yoghurt	*Joghurt*	**kartofler**	*Kartoffeln*
spegepølse	*Mettwurst*	**tomater**	*Tomaten*
rugbrød	*Vollkornbrot*	**æg**	*Eier*
franskbrød	*Weizenbrot*	**kylling**	*Hähnchen*
æbler	*Äpfel*	**svinekød**	*Schweinefleisch*
appelsiner	*Orangen*	**lakrids**	*Lakritz*
pærer	*Birnen*		

  3

Um zwei Dinge oder Personen zu vergleichen, verwendet man den Komparativ (die erste Steigerungsform). Die meisten Adjektive werden mithilfe der Endung **-ere** gesteigert.

billig - billigere
dyr - dyrere

Darüber hinaus gibt es eine kleine Anzahl von Adjektiven mit unregelmäßiger Steigerung.

stor - større, lille - mindre, god - bedre, gammel - ældre

7

In dieser Übung werden Lebensmittel verglichen. Vervollständigen Sie die Sätze.

1. En kylling er ________ end en sild. (dyr - *teuer*)

2. Et franskbrød er ________ end et rugbrød. (billig - *billig*)

3. Et æble er ________ end et stykke lakrids. (sund - *gesund*)

4. En appelsin er ________ end en tomat. (stor - *groß*)

5. Et æg er ________ end en kylling. (lille - *klein*)

6. Appelsiner er ________ end æbler. (god - *gut*)

En lækker sild – *Ein leckerer Hering* ist in Dänemark übrigens auch ein Slang-Ausdruck für eine sehr attraktive und hübsche Frau.

LÖSUNG

7 1. dyrere; **2.** billigere; **3.** sundere; **4.** større; **5.** mindre; **6.** bedre

In vielen dänischen Cafés herrscht Selbstbedienung. Man holt sich die Getränke oder Speisen an der Theke und bezahlt sofort.

2 31

Wenn Sie etwas bestellen möchten, sagen Sie: **Jeg skal have ...** *Ich möchte haben ...* oder ***Jeg vil gerne have ...*** *Ich hätte gerne.* Bei der Formulierung mit **vil** darf das Wort **gerne** keinesfalls fehlen, denn es wäre unhöflich, zu sagen: **Jeg vil have en kop kaffe.**

Jeg vil gerne have ...	*Ich hätte gerne ...*
en kop kaffe med sukker	*eine Tasse Kaffee mit Zucker*
en kop kaffe uden fløde	*eine Tasse Kaffee ohne Sahne*
en kop te	*eine Tasse Tee*
en kop chokolade	*eine Tasse Schokolade*
et lille stykke kage	*ein kleines Stück Kuchen*
en danskvand	*ein Mineralwasser*
en juice	*einen Fruchtsaft*
et glas vin	*ein Glas Wein*
en øl	*ein Bier*
Skål!	*Prost!*

3 32

Hören Sie sich die Sätze an und ordnen Sie die Gefäße den Getränken zu.

1. en flaske
2. en kop
3. et glas
4. en kande

___ **A** kaffe
___ **B** danskvand
___ **C** te
___ **D** rødvin
___ **E** chokolade
___ **F** hvidvin
___ **G** vand
___ **H** juice

4 § 5

Das Pronomen bei **en**-Wörtern heißt **den**, bei **et**-Wörtern **det**.

Hvad koster en kage? Den koster 10 kroner.
Hvad koster et glas vin? Det koster 5 kroner.

5 33

Auf der Speisekarte finden Sie Kuchen und andere Gerichte. Hören Sie sich die Preise an und schreiben Sie diese daneben.

Kager

1. Chokoladekage ___________
2. Gulerodskage ___________
3. Æbletærte ___________

Salat, sandwicher & suppe

4. Kyllingesandwich ___________
5. Rejesalat ___________
6. Suppe ___________

LÖSUNG

3 1.F; 2.A; 3.E; 4.C; 2.E; 1.B; 3.D; 3.G • **5** **1.** 40 kroner; **2.** 38 kroner; **3.** 25 kroner; **4.** 42 kroner; **5.** 56 kroner; **6.** 35 kroner

Welches Wort passt nicht in die Reihe?

1. en øl • en danskvand • en kage • et glas vin • en kop kaffe • en snaps • en kande te

2. en kage • en sandwich • en kop chokolade • en pølse • et stykke smørrebrød • en omelet • en burger

 § 1

Wie Sie bereits wissen, gibt es im Dänischen nur zwei unbestimmte Artikel: **en** und **et**. Wenn das Wort bestimmt sein soll, hängen Sie einfach den unbestimmten Artikel hinten an.

en salat – salaten

Bei Substantiven, die auf **-e** enden, wird jedoch nur **-n** bzw. **-t** angehängt.

en kage – kagen
et stykke – stykket

Wenn ein Substantiv mit einem **kurzen Vokal + Konsonant** endet, verdoppeln viele Substantive ihren Schlusskonsonanten, z. B.

en bøf – bøffen	*das Hacksteak*
et glas – glasset	*das Glas*

8

Vervollständigen Sie die Tabelle mit dem passenden Artikel, dem Substantiv und der bestimmten Form des Substantivs.

Artikel	**Substantiv**	**Bestimmte Form**
en	kage	
en	tærte	
		pølsen
et	glas	
	flaske	
		brødet
en	kop	
		salaten

9

Was passt hier zusammen? Verbinden Sie die Fragen und die Antworten.

1. Hvad vil du have? ____

2. Hvad koster en øl? ____

3. Vil du have en kage? ____

A Den koster 22 kroner.

B Nej tak, jeg vil hellere have en sandwich.

C Jeg vil gerne have en kop kaffe.

LÖSUNG

6 **1.** en kage; **2.** en kop chokolade • **8** en kage, kagen; en tærte, tærten; en pølse, pølsen; et glas, glasset; en flaske, flasken; et brød, brødet; en kop, koppen; en salat, salaten • **9** 1.C; 2.A; 3.B

Im Jahr 1283 wurde entschieden, dass an allen Straßen und Fährhäfen, die der König nutzte, ein **kro** *Dorfkrug / Wirtshaus* gebaut werden musste. Heute sind in ganz Dänemark ca. 450 solcher **kroer** verteilt. Knapp 100 davon sind königlich privilegiert. Die meisten liegen idyllisch in kleinen, ländlichen Dörfern und in der Gaststube wird typisch dänisches Essen serviert, wie z. B. **smørrebrød.**

2 34

Lotte bestellt einen Tisch in der Gaststätte. Hören Sie dem Dialog aufmerksam zu und vervollständigen Sie den Text.

● Bromølle Kro. Goddag.

○ Goddag. Mit __________ **1** er Lotte Hansen. Jeg vil __________ **2** bestille et bord til 3 personer.

● Ja gerne. Til hvornår?

○ ________ **3** på lørdag.

● Og hvad tid skal __________ **4** være?

○ Klokken ____________ **5**.

● Tak. Det __________ **6** i orden.

○ __________ **7** skal ______ **8** have. Farvel.

● Selv tak. ____________ **9**.

Sie möchten im Restaurant essen:

Er det her bord ledigt?	*Ist dieser Tisch noch frei?*
Må vi få spisekortet?	*Können wir die Speisekarte haben?*
Jeg vil gerne have ...	*Ich hätte gerne ...*
en forret	*eine Vorspeise*
en hovedret	*eine Hauptspeise*
en dessert	*eine Nachspeise*
fisk	*Fisch*
kød	*Fleisch*
hønsekød	*Hähnchenfleisch*
grøntsager	*Gemüse*
Kan jeg få regningen?	*Die Rechnung, bitte!*

4 § 7

Sie sind bereits vertraut mit den Hilfsverben **ville** *wollen* und **kunne** *können*. Nach allen Hilfsverben steht das Hauptverb (also jenes Verb, mit dem Sie ausdrücken, was Sie z. B. können oder wollen) stets im Infinitiv.

Jeg vil gerne have en kop kaffe.
Jeg kan tale dansk.

Hilfsverben wie **kunne** (*können*), **ville** (*wollen*), **skulle** (*sollen*) und **måtte** (*dürfen*) haben im Präsens keine Endung.

LÖSUNG

2 **1.** navn; **2.** gerne; **3.** Til; **4.** det; **5.** otte; **6.** er; **7.** tak; **8.** du; **9.** farvel

Unterstreichen Sie alle Hilfsverben mit dem dazugehörigen Hauptverb.

Lotte: Må vi bede om spisekortet?

Tjener: Ja, værsgo.

Lotte: Hvad skal du have, Ib?

Ib: Jeg skal have stegt ål med kartofler. Hvad med dig, Susanne?

Susanne: Det skal jeg også have.

Lotte: Jeg skal have en bøf med løg. Skal vi ikke dele en flaske rødvin?

Ib: Nej, jeg vil hellere have en øl.

Susanne: Og jeg vil have en danskvand.

Lotte: Nu kommer tjeneren.

Tjener: Er I klar til at bestille?

Lotte: Ja tak, vi vil gerne have to gange stegt ål med kartofler, en bøf med løg, et glas rødvin, en øl og en danskvand.

Tjener! *Ober!*
Dänen mögen es nicht, wenn man einen Ober herbeiruft. Stattdessen versucht man diskret, Augenkontakt aufzunehmen oder man signalisiert mit der Hand, dass man für die Bestellung bereit ist oder um die Rechnung bitten möchte.

Mit einem Adverb kann man ein Verb näher beschreiben.

Hvordan smager det?	*Wie schmeckt es?*
Det smager godt.	*Es schmeckt gut.*

Viele Adverbien lassen sich von Adjektiven ableiten, indem man den Buchstaben **-t** an die Grundform anhängt. z. B.:

Grundform: **god** – Adverb: **godt**

Ausnahme: Nach -**sk** wird kein **-t** hinzugefügt, z. B. **fantastisk** *fantastisch*

Hvordan smager det? Hören Sie sich die Minidialoge an und vervollständigen Sie die Sätze.

godt • lækkert • kedeligt • ikke så godt

1. Kagen smager ____________

2. Kaffen smager ____________

3. Brødet smager ____________

4. Vinen smager ____________

LÖSUNG

5 må bede; skal have; skal have; skal have; skal dele; vil have; vil have; vil have • **7 1.** lækkert; **2.** ikke så godt; **3.** kedeligt; **4.** godt

Die Dänen reden viel über ihr recht wechselhaftes Wetter. In wenigen Stunden können Sie Sonne, Regen, Wind und Nebel erleben. Notwendige Kleidungsstücke sind in Dänemark – ganz gleich zu welcher Jahreszeit – ein dicker Pullover, eine winddichte Jacke und Regensachen.

Das Wetter ist immer ein dankbares Gesprächsthema:

Hvordan er vejret?	*Wie ist das Wetter?*
Vejret er dejligt.	*Das Wetter ist schön.*
Det er solskinsvejr.	*Die Sonne scheint.*
Hvor varmt er det?	*Wie warm ist es?*
Det er 20 grader.	*Es sind 20 Grad.*
Det er koldt.	*Es ist kalt.*
Det regner.	*Es regnet.*
Det sner.	*Es schneit.*
Det er tåget.	*Es ist neblig.*
Det blæser.	*Es ist windig.*

Bei Zeitangaben steht die Präposition **om** (*im*) immer dann, wenn es sich um etwas Wiederkehrendes handelt. Vergessen Sie dabei aber nicht den angehängten Artikel.

(en) årstid	*Jahreszeit*
om foråret	*im Frühling*
om sommeren	*im Sommer*
om efteråret	*im Herbst*
om vinteren	*im Winter*

 5

Das Pronomen **det** verwendet man in unpersönlichen Ausdrücken als unbestimmtes Subjekt:

Det sner.	*Es schneit.*

Zudem verwendet man **det** auch in unpersönlichen Ausdrücken mit **være** (*sein*) und **og blive** (*werden*), aber nur wenn diese keine örtliche Bedeutung haben. Sonst steht das Pronomen **der**.

Det er koldt om vinteren.	*Es ist kalt im Winter.*
Der er koldt i stuen.	*Es ist kalt im Wohnzimmer.* (mit örtlicher Bedeutung).

Wind zur Stromgewinnung zu nutzen, hat in Dänemark Tradition. Das Land hat hierbei weltweit eine Vorreiterrolle.

5

Setzen Sie die Pronomen **det** oder **der** in die Lücken ein.

1. ______________ er varmt om sommeren.

2. ______________ sner i Tyskland.

3. ______________ er koldt i Danmark.

4. ______________ er tåget.

5. ______________ er dejligt vejr i København.

6

Es gibt kein schlechtes Wetter, wenn man richtig gekleidet ist, aber ...

Was ist gutes und schlechtes Wetter? Benutzen Sie die Wörter aus der Übung (oben) und bilden Sie Sätze nach folgendem Muster.

Det er godt vejr, når solen skinner.
Es ist gutes Wetter, wenn die Sonne scheint.

Det er dårligt vejr, når det regner.
Es ist schlechtes Wetter, wenn es regnet.

Per und Susanne unterhalten sich über das Wetter. Setzen Sie die fehlenden Wörter in die Lücken ein.

Per: Hej, det er Per.

Susanne: Hej, det er Susanne. Hvordan har du det?

Per: Jeg har det godt. Men det er rigtig ______ **1** vejr. Det ______ **2** hele tiden. Og så er det ______ **3** og ______ **4**. Men i morgen bliver det bedre ______ **5**.

Susanne: Det er godt at høre, for jeg kommer jo hjem i morgen. Her har vi dejligt ______ **6**. Solen skinner og det er ______ **7**. Det er dog lidt koldt om natten.

Per: Jamen, så ses vi i morgen.

Susanne: Ja, det gør vi.

Per: Hej.

Susanne: Hej hej.

LÖSUNG

5 **1.** Det; **2.** Det; **3.** Der; **4.** Det; **5.** Der • **7** **1.** dårligt; **2.** regner; **3.** koldt; **4.** blæser; **5.** vejr; **6.** forårsvejr; **7.** varmt

Wer Strände liebt, ist in Dänemark genau richtig. Mit einer über 7000 Kilometer langen Küste und Hunderten von Inseln sind Sie nie weit vom nächsten Strand entfernt. Darüber hinaus fasziniert Dänemarks Landschaft durch Moore, Sümpfe, Wälder, das Wattenmeer, malerische Bäche und ganz kleine „Berge".

2 41

Wie wäre es mit einem Tag am Strand? Sprechen Sie nach.

badebukser	*Badehose*
badedragt	*Badeanzug*
bikini	*Bikini*
topløs	*„oben ohne"*
tage solbad	*sich sonnen*
gå i vandet	*ins Wasser gehen*
svømme	*schwimmen*
bade	*baden*
leje en båd	*ein Boot mieten*
fiske	*angeln*

Das dänische Alphabet besteht aus 29 Buchstaben: A bis Z und darüber hinaus 3 weitere: Æ, Ø, Å. Hören Sie sich die jeweilige Aussprache an und sprechen Sie nach.

Im Deutschen gibt es kein Wort mit nur einem Buchstaben, aber im Dänischen gibt es drei solcher Wörter:
en ø *eine Insel*
en å *ein Bach*
i *in*

4

Wenn Sie die Aussprache dänischer Wörter mit deren Schriftbild vergleichen, werden Sie feststellen, dass es dabei teilweise erhebliche Abweichungen gibt. So kann der gleiche Buchstabe mehreren unterschiedlichen Lauten entsprechen. Umgekehrt kann ein Laut durch verschiedene Buchstaben dargestellt werden. Hilfe bei der korrekten Aussprache bieten Ihnen die Hör-Dateien dieses Kurses.

Ein Tipp: Sie können dänische Musik hören, dänische Filme ansehen oder im Internet dänischen Radiosendungen lauschen. So gewöhnen Sie sich schneller an den Klang und die Aussprache.

LÖSUNG

Sie haben nun bereits viele Fragewörter gelernt. Hier finden Sie ihre korrekte Übersetzung. Verbinden Sie die Wortpaare.

1. hvordan	___ **A** welche / -r / -s
2. hvad	___ **B** wann
3. hvilke	___ **C** wie
4. hvornår	___ **D** wer
5. hvem	___ **E** wo
6. hvorfor	___ **F** warum
7. hvor	___ **G** was

6 **§ 11**

Fragen werden im Dänischen mit umgekehrter Wortfolge gebildet. Stellen Sie nun zu den Antworten die passenden Fragen, indem Sie die gleichen Wörter benutzen.

1. Hvor ____________________? Du kan bade i havet.

2. Hvilke fisk ________________? Du kan fange ål.

3. Hvor ________________________? Du kan leje en båd i havnen.

4. Hvornår ________________? Solen skinner om sommeren.

  7

Zur Bildung des Futurs werden **skal / vil + Infinitiv** benutzt: **Jeg skal / vil svømme i morgen.** *Ich werde / will morgen schwimmen.* In vielen Fällen wird einfach das **Präsens + Zeitangabe** verwendet, um die Zukunft auszudrücken: **Jeg svømmer i morgen.** *Ich schwimme morgen.*

Setzen Sie das fehlende Wort in die Lücken ein.

Hvad skal / vil du lave i morgen? Hvad laver du i morgen?

1. Jeg ______________ (fiske - *angeln*).

2. Jeg ______________ (vandre - *wandern*).

3. Jeg ______________ (sejle - *segeln*).

4. Jeg ______________ (bade - *baden*).

5. Jeg ______________ (lede efter rav - *Bernstein suchen*).

6. Jeg ______________ (samle svampe - *Pilze sammeln*).

et hav *Meer*
en strand *Strand*
en bakke *Hügel*
en klit *Düne*
en skov *Wald*
et fyrtårn *Leuchtturm*
en havn *Hafen*

LÖSUNG

5 1.C; 2.F; 3.A; 4.B; 5.D; 6.F; 7.E • **6** **1.** Hvor kan jeg bade?; **2.** Hvilke fisk kan jeg fange?; **3.** Hvor kan jeg leje en båd?; **4.** Hvornår skinner solen? • **7** **1.** skal fiske / fisker; **2.** skal vandre / vandrer; **3.** skal sejle / sejler; **4.** skal bade / bader; **5.** skal lede efter rav / leder efter rav; **6.** skal samle svampe / samler svampe

Orte 43

en by	Stadt
et posthus	Post
et parkeringshus	Parkhaus
en butik	Laden
et centrum	Innenstadt
et sygehus	Krankenhaus
et museum	Museum
en banegård	Bahnhof
en færge	Fähre
et busstoppested	Bushaltestelle
en lufthavn	Flughafen

Verkehrsmittel 44

at cykle
Fahrrad fahren

køre med bussen
den Bus nehmen

køre i bil
mit dem Auto fahren

at gå
gehen

Auskünfte erfragen 45

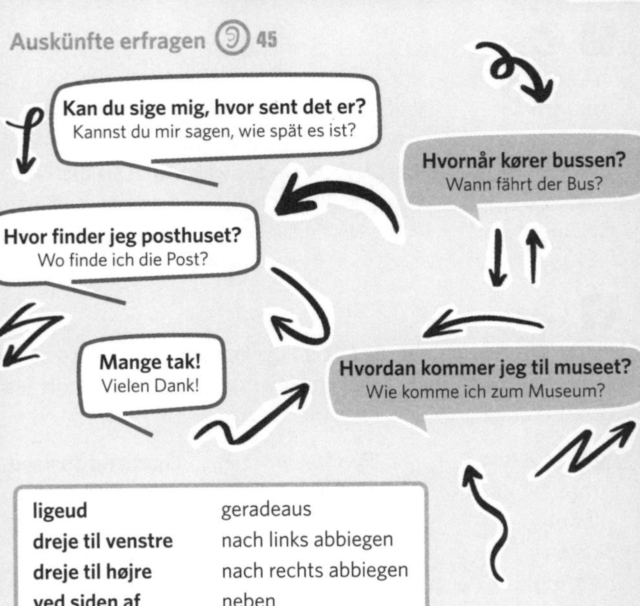

ligeud	geradeaus
dreje til venstre	nach links abbiegen
dreje til højre	nach rechts abbiegen
ved siden af	neben
foran	davor
overfor	gegenüber

ved	bei
bagved	hinter
mellem	zwischen
på torvet	auf dem Marktplatz

In Dänemark gibt es nur vier Großstädte mit mehr als 100.000 Einwohnern. Die Hauptstadt **København** *Kopenhagen* ist gleichzeitig auch die größte Stadt des Landes. Die zweitgrößte Stadt **Aarhus** nennt man auch *Die Stadt des Lächelns*. Auf Platz drei liegt **Odense**, der Geburtsort von H.C. Andersen. Die viertgrößte Stadt ist **Aalborg**, die für ihr aktives Nachtleben bekannt ist.

Hören Sie sich an, wie die Dänen die Namen ihrer Städte aussprechen. Vielleicht entdecken Sie ja sogar einige Orte, die Sie bereits kennen.

Jylland *Jütland*
Århus
Ålborg
Skagen
Hjørring
Frederikshavn
Sæby
Randers
Haderslev
Åbenrå
Kolding
Grenå
Sønderborg

Fyn *Fünen*
Odense
Nyborg
Svendborg
Bogense
Assens

Sjælland *Seeland*
København
Roskilde
Helsingør
Ringsted
Holbæk
Køge
Hillerød
Sorø
Næstved
Vordingborg
Korsør
Hundested
Kalundborg
Dragør

3

In einer Stadt gibt es viele Geschäfte und öffentliche Einrichtungen. Raten Sie, wie diese heißen.

Ein Tipp: Fangen Sie mit den Wörtern an, die ähnlich wie im Deutschen klingen.

1. en kirke
2. et posthus
3. en bank
4. en pengeautomat
5. et parkeringshus
6. en frisør
7. et apotek
8. et turistbureau
9. en politistation
10. et parkeringshus

___ **A** Bank
___ **B** Frisör
___ **C** Apotheke
___ **D** Parkhaus
___ **E** Touristeninformation
___ **F** Polizeistation
___ **G** Parkhaus
___ **H** Kirche
___ **I** Post
___ **J** Geldautomat

LÖSUNG

3 1.H; 2.I; 3.A; 4.J; 5.G; 6.B; 7.C; 8.E; 9.F; 10.D

Das Passiv kann durch Anhängen der Endung **-s** an den Infinitiv des Verbs ausgedrückt werden.

Postkassen tømmes klokken 17:30.
Der Briefkasten wird um 17:30 Uhr geleert.

Pengene veksles i banken.
Das Geld wird in der Bank gewechselt.

Es gibt Verben, die auf **-s** enden, aber keine passivische Bedeutung haben:

jeg synes	*ich finde*

Es gibt zudem Verben, bei denen die Endung **-s** anzeigt, dass mindestens zwei Personen etwas gemeinsam tun (Verben mit reziproker Bedeutung), z. B.

at mødes	*sich treffen*
at ses	*sich sehen*
at følges	*zusammen gehen*
at skændes	*sich streiten*
at enes	*sich einigen*
at hjælpes ad	*sich helfen*

Per und Susanne verabreden sich. Achten Sie auf die Verben mit reziproker Bedeutung und beantworten Sie die Frage:

Per: Skal vi ikke ses?

Susanne: Jo, det kan vi godt.

Per: Skal vi mødes ved kirken?

Susanne: Nej, det er for langt væk.

Per: Skal vi mødes ved posthuset?

Susanne: Nej, jeg forslår, at vi mødes på caféen på hjørnet.

Per: Jeg kan ikke lide den café. Men lad os nu ikke skændes om det. Hvornår?

Susanne: Klokken tre.

Per: Fint, så ses vi på caféen klokken tre.

Welche Orte wurden für ein Treffen vorgeschlagen?

LÖSUNG

6 kirken; posthuset; caféen

1

Dänemark ist mit 5,5 Mio. Einwohnern ein recht kleines Land. Die Straßen und Städte sind gut beschildert und es ist tatsächlich schwierig, sich hier zu verirren. Sollte es dennoch passieren, können die meisten Dänen Ihnen auch auf Englisch oder Deutsch behilflich sein.

So können Sie nach dem Weg fragen:

Undskyld, kan du sige mig, hvordan jeg kommer hen til domkirken?	*Entschuldigung, kannst du mir sagen, wie ich zum Dom komme?*
Du skal gå ligeud.	*Du gehst geradeaus.*
Ved hjørnet skal du dreje til venstre.	*An der Ecke biegst du links ab.*
Ved krydset skal du gå til højre.	*An der Kreuzung gehst du rechts.*

Ved lyskurven skal du gå over på den anden side. *An der Ampel überquerst du die Straße.*
ved siden af *daneben*
foran *davor*
overfor *gegenüber*

ved *bei*
bag ved *dahinter*
mellem *zwischen*
på torvet *auf dem Marktplatz*

Per und Susanne fahren mit ihren Fahrrädern Richtung Café. Hören Sie zu und setzen Sie das fehlende Wort in die Lücke ein.

Susanne kører ______ **1**. Så drejer hun til venstre. Ved ______ **2**. drejer hun til højre.

Per kører ligeud. Så drejer han til ______ **3**. Ved andet kryds drejer han til ______ **4**.

Im Dänischen gibt es keine Entsprechung für das deutsche Wort *bitte*. Aber es gibt mehrere Möglichkeiten, dennoch höflich zu sein. So ist zur Einleitung eines Satzes die Verwendung von **Undskyld** *Entschuldigung* möglich. Vergessen Sie nicht, sich zu bedanken: **Tak for hjælpen** *Danke für die Hilfe.*

LÖSUNG

3 1. ligeud; **2.** krydset; **3.** højre; **4.** venstre

Eine Reihe von Präpositionen besitzen zwei Formen: **overfor - over for, ligeud - lige ud**. Die zusammengeschriebene Form steht immer allein.

Susanne kører ligeud.	*Susanne fährt geradeaus.*
Susanne kører lige ud ad landevejen.	*Susanne fährt geradeaus die Landstraße entlang.*

Die Redewendung **Det er lige ud ad landevejen.** *(Es ist geradeaus die Landstraße entlang.)* benutzt man im Dänischen, um zu sagen: *Es ist ganz einfach.*

Wenn Sie etwas Bestimmtes hervorheben möchten, verwenden Sie anstelle des Artikels das Demonstrativpronomen.

Det er ikke den her vej.	*Es ist nicht dieser Weg.*

Substantiv im Utrum (**en**-Wort): **den (her) vej** oder **denne vej** *dieser Weg.*

Substantiv im Neutrum (**et**-Wort): **det (her) hus** oder **dette hus** *dieses Haus.*

Substantiv im Plural: **de (her) veje** oder **disse veje** *diese Wege.*

In der Umgangssprache ist die erste Variante am geläufigsten.

7

Sehen Sie sich die Zeichnung an und beantworten Sie die Fragen mit Hilfe der Präpositionen.

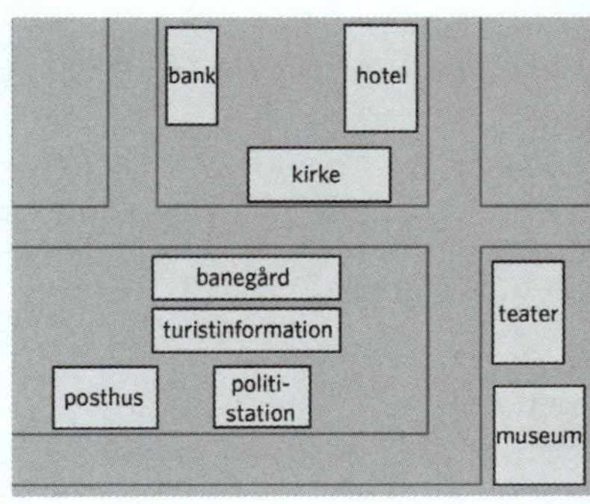

1. Undskyld, hvor ligger posthuset? Det ligger

________________ politistationen.

2. Undskyld, hvor ligger turistinformationen? Den ligger

________________ banegården og politistationen.

3. Undskyld, hvor ligger hotellet? Det ligger

________________ banken.

4. Undskyld, hvor ligger kirken? Den ligger ________________

banegården.

5. Undskyld, hvor ligger museet? Det ligger ________________

af teatret og ______ turistinformationen.

LÖSUNG

7 1. ved siden af; B. mellem; **2.** bag ved; **3.** over for; **4.** ved siden af;
5. ved siden, over for

Wenn Sie in Dänemark mit dem Auto unterwegs sind, begegnet Ihnen entlang der Straßen immer wieder ein Hinweisschild mit einer Margerite. Es ist der Hinweis auf die Margeritenroute, die zu vielen bedeutenden Sehenswürdigkeiten Dänemarks führt. Die Route ist nach der Lieblingsblume der Königin benannt.

Hören Sie sich an, wie die verschiedenen Verkehrsmittel heißen, und sprechen Sie diese nach.

Jeg kører på cykel. *(Ich fahre mit dem Fahrrad.)*

Jeg kører på knallert. *(Moped)*

Jeg kører med bussen. *(Bus)*

Jeg kører med toget. *(Zug)*

Jeg kører i bil. *(Auto)*

Jeg kører i taxa. *(Taxi)*

Jeg sejler med færgen. *(Mit der Fähre fahren)*

Jeg går. *(Ich gehe zu Fuß)*

Die Imperativform entspricht dem Stamm des Verbs, also meistens der Infinitivform ohne **-e**: **sejle – sejl**. Da im Dänischen jedoch nie zwei gleiche Konsonanten am Ende eines Wortes stehen, fällt im Imperativ in solchen Fällen ein Konsonant weg, z. B. Infinitiv: **komme** > Imperativ: **kom**.

1. (vente) ________ venligst! – *Bitte warten!*

2. (køre) ________ forsigtigt! – *Fahr vorsichtig!*

3. (købe) ________ billet i toget! – *Kauf die Fahrkarte im Zug!*

4. (Stille)________ dig i kø! – *Stell dich in die Schlange!*

Ordnen Sie die Bilder der richtigen Bezeichnung zu.

____ **A** en lufthavn

____ **B** en færgehavn

____ **C** et parkeringshus

____ **D** et busstoppested

____ **E** en banegård

____ **F** en rutebilstation

LÖSUNG

3 1. vent; **2.** kør; **3.** køb; **4.** Stil • **4** 1.E; 2.D; 3.A; 4.F; 5.B; 6.C

Konjunktionen werden auch Bindewörter genannt, weil sie Wörter, Satzteile oder Sätze miteinander verbinden.

Lesen Sie die gebräuchlichsten Konjunktionen und setzen Sie jeweils die richtige Konjunktion in die Lücke ein.

og	*und*	**når**	*wenn, immer wenn*
men	*aber*	**hvis**	*falls*
eller	*oder*	**at**	*dass*
fordi	*weil*		

1. Jeg kører altid i bil, ______ det regner.

2. Vil du gå ________ køre med bus?

3. Jeg vil gerne køre i taxa, ________ det er dyrt.

4. Jeg har en cykel ______ en knallert.

5. Han siger, ________ han går til bageren.

6. Jeg køber en chokoladekage, ________ den smager godt.

6

Peter möchte eine Zugkarte kaufen. Vervollständigen Sie den Dialog. Die Wörter in der Box helfen Ihnen dabei.

Peter: Goddag, jeg vil gerne have en _______ *(**1** Fahrkarte)* til Odense Hovedbanegård.

DSB: Skal det være en _______ *(**2** Einzelfahrkarte)* eller returbillet?

Peter: En returbillet, tak.

DSB: Skal du også have en pladsbillet?

Peter: Nej tak. Men jeg vil gerne have en ______ *(3 Fahrplan)*. Hvornår afgår det næste tog?

DSB: Det næste tog ______ *(4 abfahren)* klokken 15:20 fra ______ *(5 Gleis)* 3.

Peter: Hvornår er jeg i Odense?

DSB: Toget ______ *(6 ankommen)* til Odense Hovedbanegård klokken 16:45.

Peter: Skal jeg ______ *(7 umsteigen)* undervejs?

DSB: Nej, det skal du ikke. Værsgo, her er din billet. Det bliver 125 kroner.

Peter: Tak for det. Farvel

DSB: Farvel.

en billet *Fahrkarte*
en returbillet *Rückfahrkarte*
afgå *abfahren*
ankomme *ankommen*
spor *Gleis*
enkeltbillet *Einzelfahrkarte*
pladsbillet *Platzreservierung*
skifte (tog) *umsteigen*
køreplan *Fahrplan*
forsinket *verspätet*

LÖSUNG

5 1. når / hvis; **2.** eller; **3.** men; **4.** og; **5.** at; **6.** fordi • **6 1.** billet; **2.** enkeltbillet; **3.** køreplan; **4.** afgår; **5.** spor; **6.** ankommer; **7.** skifte

Einkaufen 51

Hvor finder jeg børnetøj?
Wo finde ich Kinderkleidung?

Jeg vil gerne prøve bukserne.
Ich möchte gerne die Hose anprobieren.

Bukserne er for lille.
Die Hose ist zu klein.

en pris	Preis	**stor(t)**	groß
billig(t)	billig	**gul(t)**	Gelb
dyr(t)	teuer	**sort**	Schwarz
lang(t)	lang	**rød(t)**	Rot
kort	kurz	**stribet**	gestreift

52

et par sko	ein Paar Schuhe
en frakke	Mantel
et par bukser	Hose
en nederdel	Rock
en bluse	Bluse
en sweater	Pullover
en jakke	Jacke
en kjole	Kleid
en skjorte	Hemd

Wohnen 53

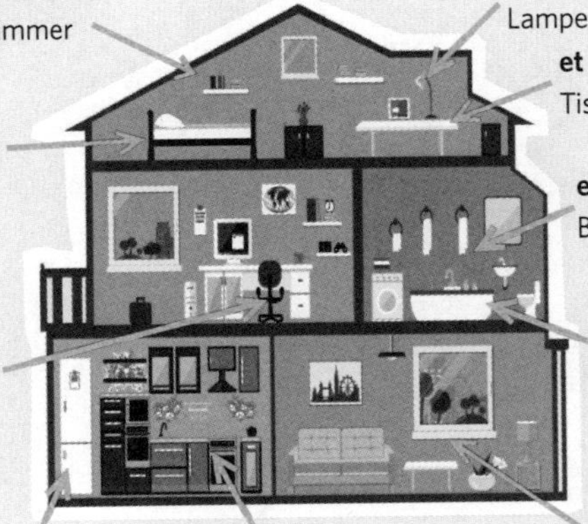

et hus
Haus

et soveværelse
Schlafzimmer

en lampe
Lampe

et bord
Tisch

en seng
Bett

et badeværelse
Badezimmer

en stol
Stuhl

et badekar
Badewanne

en stue
Wohnzimmer

et køleskab
Kühlschrank

et køkken
Küche

stor	groß
lille	klein
ny	neu
gammel	alt
male	streichen
flytte	umziehen

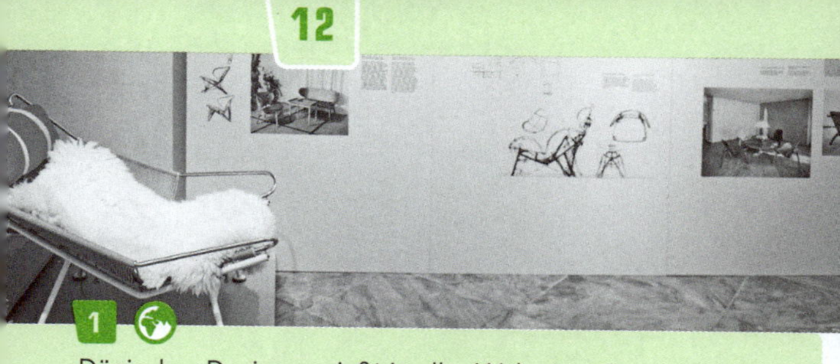

Dänisches Design genießt in aller Welt einen hervorragenden Ruf, z. B. die Lampen von Poul Henningsen („PH-Lampen"), die Möbel von Hans Wegner und die Hi-Fi-Elemente von Bang & Olufsen. Wenn Sie Interesse an dänischem Design haben, dann lohnt sich ein Besuch im Dänischen Design Center oder im Kunstindustriemuseum in Kopenhagen.

2 54

Dänen zeigen Ihnen gerne ihre Wohnung bzw. ihr Haus.

Hvor stor er din lejlighed?	*Wie groß ist deine Wohnung?*
Jeg har et hus.	*Ich habe ein Haus.*
Huset har tre værelser.	*Das Haus hat drei Zimmer.*
Det er stuen.	*Dies ist das Wohnzimmer.*
børneværelset	*das Kinderzimmer*
soveværelset	*das Schlafzimmer*
køkkenet	*die Küche*
badeværelset	*das Badezimmer*
toilettet	*die Toilette*
kælderen	*der Keller*
haven	*der Garten*

Nach dem Essen gehen alle zu Susanne. Sie hat ihre Wohnung gerade eingerichtet und möchte sie ihren Eltern zeigen. Hören Sie sich den Dialog an und notieren Sie, in welcher Reihenfolge sie durch die einzelnen Zimmer laufen.

In der Wohnung befinden sich einige Möbel und Einrichtungsgegenstände. Lesen und hören Sie, wie diese auf Dänisch heißen.

1. stol

2. bord

3. sofa

4. reol

5. seng

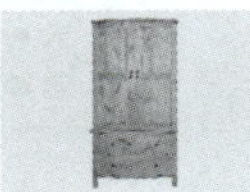

6. skab

7. skrivebord

8. lampe

LÖSUNG

3 **1.** entre; **2.** stue; **3.** toilet; **4.** soveværelse; **5.** køkken

Wo stehen diese Möbel und Einrichtungsgegenstände? Hören Sie sich die Fragen sowie die Antworten an und vervollständigen Sie die Sätze.

1. Hvor er sofaen? Den er i ______________.
2. Hvor er bordet? Det er i ______________.
3. Hvor er reolen? Den er i ______________.
4. Hvor er sengen? Den er i ______________.
5. Hvor er spejlet? Det er i ______________.
6. Hvor er uret? Det er i ______________.

Pluralbildung: unbestimmt und bestimmt

Der unbestimmte Plural hat entweder verschiedene Endungen oder aber gar keine.

-er: en sofa, to sofaer

-r: et billede to billeder

-e: et bord, to borde

keine Endung: **et år, to år**

et spejl *Spiegel*
et ur *Uhr*
en lejlighed *Wohnung*
et hus *Haus*
en bondegård *Bauernhof*
at eje *besitzen*
at leje *mieten*

Im Plural enden die bestimmten Formen auf ***-ne*** oder ***-ene.***

Substantive mit Endungen im Plural bekommen für die bestimmte Form die Endung ***-ne.***

sofaer-ne
billeder-ne
borde-ne

Substantive ohne Endung im Plural bekommen für die bestimmte Form die Endung ***-ene*.**

år-ene

Vervollständigen Sie die Tabelle.

	Artikel	Substantiv	Unbestimmte Form im Pl.	Bestimmte Form im Pl.
1.		*sofa*		
2.		*billede*		
3.		*bord*		
4.		*år*		
5.		*lampe*		
6.		*hus*		

LÖSUNG

5 1. stuen; **2.** køkkenet; **3.** stuen; **4.** soveværelset; **5.** badeværelset; **6.** entréen • **6 1.** en sofa, sofaer, sofaerne; **2.** et billede, billeder, billederne; **3.** et bord, borde, bordene; **4.** et år, år, årene; **5.** en lampe, lamper, lamperne; **6.** et hus, huse, husene

Auch dänisches Modedesign erfreut sich großer Beliebtheit. In Kopenhagen sind alle führenden dänischen Modemarken vertreten. Viele von ihnen werden weltweit verkauft, so wie Bitte Kai Rand, CCDK, Noa Noa oder ECCO. Kombiniert mit Kleidung aus Secondhandshops liegt man in Dänemark damit voll im Trend - denn dieser geht in Richtung Individualität.

Sie machen einen Einkaufsbummel und möchten Kleidung kaufen.

Jeg skal have en hvid skjorte.	*Ich suche ein weißes Hemd.*
en grøn trøje	*einen grünen Pullover*
et par blå bukser	*eine blaue Hose*
en gul kjole	*ein gelbes Kleid*
en rød bluse	*eine rote Bluse*
en brun frakke	*einen braunen Mantel*
et par sorte sko	*schwarze Schuhe*
Må jeg prøve den grønne nederdel?	*Kann ich den grünen Rock anprobieren?*
Hvad koster slipset?	*Was kostet die Krawatte?*
Jeg vil godt have bukserne.	*Ich hätte gerne die Hose.*

Bukser *Hose* ist ein Wort, das es nur im Plural gibt, genauso wie **strømpebukser** *Strumpfhose* und **briller** *Brille*. Meistens wird es zusammen mit **et par** *ein Paar* verwendet: **et par bukser** *ein Paar Hosen*, **et par sko** *ein Paar Schuhe*, **et par støvler** *ein Paar Stiefel*, **et par strømper** *ein Paar Strümpfe*, **et par handsker** *ein Paar Handschuhe*.

Susanne und ihre Mutter Lotte gehen zusammen einkaufen. Hören Sie sich den Dialog an und entscheiden Sie, welche Sätze richtig oder falsch sind.

	richtig	falsch
1. Susanne vil gerne se på en kjole.	■	■
2. Kjolen skal være lang og sort.	■	■
3. Susanne køber kjolen.	■	■
4. Lotte vil gerne se på en skjorte.	■	■
5. Bukserne er på udsalg.	■	■
6. Lotte bruger størrelse 42.	■	■
7. Lotte vil ikke prøve bukserne.	■	■

LÖSUNG

4 **1.** richtig; **2.** falsch; **3.** richtig; **4.** falsch; **5.** richtig; **6.** falsch; **7.** falsch

Wie heißen die verschiedenen Muster? Ordnen Sie die Wörter den Bildern zu.

mønstret • stribet • prikket • blomstret • ternet

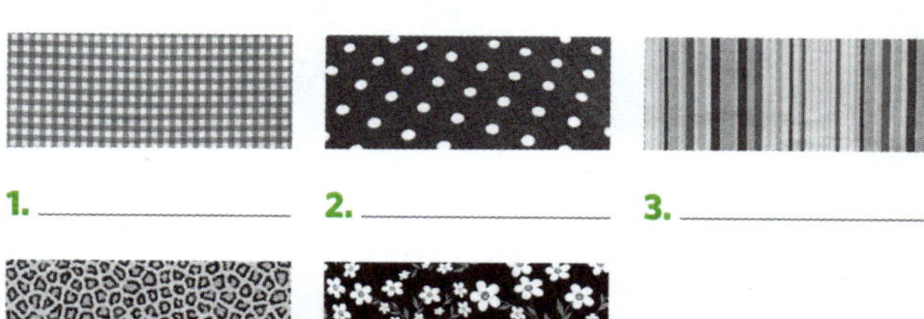

1. ______________ 2. ______________ 3. ______________

4. ______________ 5. ______________

Das schwache Adjektiv – attributiv (bestimmte Form)

Adjektive haben immer die **e**-Form, wenn sie Substantiven vorangestellt sind, die in der bestimmten Form stehen:

e-Form: **den røde kjole, det røde slips, de røde sko**

Diese vereinfachte Adjektivdeklination gilt für alle bestimmten Adjektive, also immer nach:

- dem bestimmten Artikel (wie oben)
- Possessivpronomen: **min røde kjole / mit røde hus / mine røde kjoler**
- vorangestelltem Genitiv: **Susannes røde kjole**

7

Sprechen Sie Minidialoge nach folgendem Muster:

Rød / kjole / blå

A: Jeg kan godt lide den røde kjole.

B: Jeg kan ikke lide den røde kjole.
Jeg kan bedre lide den blå kjole.

1. hvid / sko / sort
2. lang / halstørklæde / kort
3. dyr / frakke / billig

Jeg kan godt lide
Ich mag
Jeg kan ikke lide
Ich mag nicht
Jeg kan bedre lide
Ich mag lieber

8

Finden Sie die Satzhälfte, die zum Satzanfang passt.

1. Goddag, kan jeg hjælpe ___
2. Ja, tak. Jeg vil gerne se ___
3. Jeg vil gerne prøve ___
4. Hvilken størrelse ___
5. Bukserne er på ___
6. Bukserne klæder dig. Du ___

A dem. Hvor er prøverummet?
B dig med noget?
C bruger du?
D ser flot ud.
E på et par bukser.
F udsalg. De koster kun 250 kroner.

LÖSUNG

5 1. ternet; **2.** prikket; **3.** stribet; **4.** mønstret; **5.** blomstret • **7 1.** de hvide / sorte sko; **2.** det lange / korte halstørklæde; **3.** den dyre / billige frakke • **8** 1.B; 2.E; 3.A; 4.C; 5.F; 6.D

Wochentage 

mandag	Montag	**fredag**	Freitag
tirsdag	Dienstag	**lørdag**	Samstag
onsdag	Mittwoch	**søndag**	Sonntag
torsdag	Donnerstag	**weekend**	Wochenende

Monate 

januar	Januar	**juli**	Juli
februar	Februar	**august**	August
marts	März	**september**	September
april	April	**oktober**	Oktober
maj	Mai	**november**	November
juni	Juni	**december**	Dezember

Jahreszeiten 

forår
Frühling

sommer
Sommer

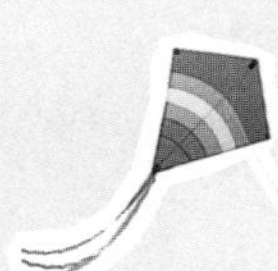

efterår
Herbst

vinter
Winter

Grundzahlen  63

0	**nul**	7	**syv**	14	**fjorten**
1	**en / et**	8	**otte**	15	**femten**
2	**to**	9	**ni**	16	**seksten**
3	**tre**	10	**ti**	17	**sytten**
4	**fire**	11	**elleve**	18	**atten**
5	**fem**	12	**tolv**	19	**nitten**
6	**seks**	13	**tretten**	20	**tyve**

21	**enogtyve**	80	**firs**
22	**toogtyve**	90	**halvfems**
30	**tredive**	100	**(et) hundrede**
40	**fyrre**	101	**(et) hundrede og en**
50	**halvtreds**	200	**to hundrede**
60	**tres**	201	**to hundrede og en**
70	**halvfjerds**	1000	**(et) tusind**

Uhrzeiten  64

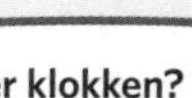

Hvad er klokken?
Wie spät ist es?

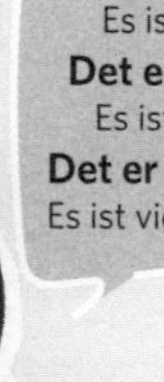

Klokken er fire.
Es ist vier Uhr.
Det er halv fem.
Es ist halb fünf.
Det er kvart i otte.
Es ist viertel vor acht.

Die Dänen lieben Sport. Fast zwei Millionen Dänen sind aktive Mitglieder eines Sportvereins. Die beliebteste Sportart ist Fußball, gefolgt von Golf, Schwimmen, Gymnastik, Handball und Badminton.

Bringen Sie die Wochentage in die richtige Reihenfolge. Beginnen Sie bei Montag.

1. lørdag
2. mandag
3. onsdag
4. torsdag
5. søndag
6. tirsdag
7. fredag

Die Form **om + die bestimmte Form des Substantivs** wird immer dann benutzt, wenn man generelle oder wiederkehrende Zeitpunkte bezeichnen möchte.
mandag - om mandagen *montags*
morgen - om morgenen *morgens*

Um zwischen 8:00 Uhr und 20:00 Uhr unterscheiden zu können, verwendet man im alltäglichen Sprachgebrauch auch die Zusätze **om morgenen -** *morgens,* **om aftenen -** *abends.*

Richtige Reihenfolge: ____________________

Hören Sie sich an, welche Aktivitäten Susanne und ihre Familie unternehmen.

1. Susanne 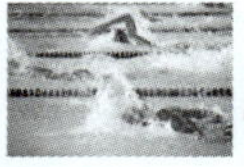 om mandagen.

2. Ib  om tirsdagen.

3. Lotte  om onsdagen.

4. Ib  om torsdagen.

5. Susannes farmor og farfar  om fredagen.

6. Susanne  om lørdagen.

7. Susannes mormor og morfar  om søndagen.

LÖSUNG

2 Richtige Reihenfolge: 2; 6; 3; 4; 7; 1; 5

Sie wissen nun, was Susanne und ihre Familie so alles unternimmt und an welchem Wochentag sie dies tun. Aber um welche Uhrzeit? Hören Sie die Sätze und lesen Sie mit.

1. Susanne svømmer klokken ni.

2. Ib sejler klokken kvart over otte.

3. Lotte spiller tennis klokken fem.

4. Ib spiller fodbold klokken halv syv.

5. Susannes farmor og farfar cykler en tur klokken to.

> Wenn Sie fragen möchten, wie spät es ist, sagen Sie: **Hvad er klokken?** *Wie spät ist es*? Oder höflicher: **Undskyld, kan du sige mig, hvad klokken er**? *Entschuldigung, könntest du mir sagen, wieviel Uhr es ist?* Darauf antwortet man: **Klokken er otte** oder **Den er otte** *Es ist acht Uhr.*

6. Susanne løber klokken fem minutter i halv et.

7. Susannes mormor og morfar går tur klokken ti minutter i to.

Die regelmäßige Wortstellung im Aussagesatz ist (Subjekt - Prädikat):

Jeg spiller fodbold om mandagen.

Normalerweise steht das Subjekt **vor** dem Prädikat, d.h. das Subjekt nimmt die 1. Position ein.

Wenn der Hauptsatz nicht mit dem Subjekt, sondern mit einem anderen Satzglied beginnt, rückt das Subjekt an die 3. Position im Satz, d.h. das Subjekt steht **nach** dem Prädikat.

Om mandagen spiller jeg fodbold.
Hvad skal du lave?

Formen Sie die Sätze nach folgendem Muster um:

Jeg spiller tennis på tirsdag – På tirsdag spiller jeg tennis.

1. Jeg rejser til Danmark på tirsdag.

   ____

2. Han kommer i morgen.

   ____

3. De spiller håndbold på fredag.

   ____

4. Jeg går en tur, hvis solen skinner.

   ____

5. Jeg står på ski om vinteren.

   ____

LÖSUNG

5 1. På tirsdag rejser jeg til Danmark; **2.** I morgen kommer han; **3.** På fredag spiller de håndbold; **4.** Hvis solen skinner, går jeg en tur; **5.** Om vinteren står jeg på ski

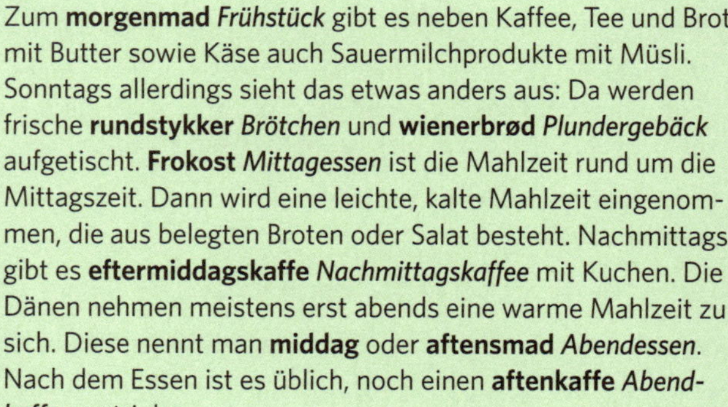

Zum **morgenmad** *Frühstück* gibt es neben Kaffee, Tee und Brot mit Butter sowie Käse auch Sauermilchprodukte mit Müsli. Sonntags allerdings sieht das etwas anders aus: Da werden frische **rundstykker** *Brötchen* und **wienerbrød** *Plundergebäck* aufgetischt. **Frokost** *Mittagessen* ist die Mahlzeit rund um die Mittagszeit. Dann wird eine leichte, kalte Mahlzeit eingenommen, die aus belegten Broten oder Salat besteht. Nachmittags gibt es **eftermiddagskaffe** *Nachmittagskaffee* mit Kuchen. Die Dänen nehmen meistens erst abends eine warme Mahlzeit zu sich. Diese nennt man **middag** oder **aftensmad** *Abendessen*. Nach dem Essen ist es üblich, noch einen **aftenkaffe** *Abendkaffee* zu trinken.

Möchten Sie erzählen, wie Sie normalerweise Ihren Tag verbringen?

stå tidligt op	*früh aufstehen*
stå sent op	*spät aufstehen*
gå i brusebad	*duschen*
spise morgenmad	*frühstücken*
læse avis	*Zeitung lesen*
gå på arbejde	*zur Arbeit gehen*
gå på indkøb	*einkaufen*
lave mad	*kochen*
se fjernsyn	*fernsehen*
gå i seng	*zu Bett gehen*

3 68

Hören Sie sich die Tageszeiten und die dazugehörigen Mahlzeiten an.

morgen - morgenmad
formiddag - brunch
middag - frokost
eftermiddag - eftermiddagskaffe
aften - aftensmad, aftenskaffe
nat - natmad

Hören Sie zu, wie Lotte ihren Tag gestaltet. Tragen Sie die Aktivitäten ein und beachten Sie dabei folgendes Muster:

7:00 Lotte står op og tager et brusebad.

1. 7:30 ____________________
2. 8:00 ____________________
3. 12:00 ____________________
4. 16:00 ____________________
5. 17:00 ____________________
6. 18:00 ____________________
7. 20:00 ____________________
8. 23:00 ____________________

LÖSUNG

4 **1.** Lotte spiser morgenmad og drikker en kop kaffe; **2.** cykler på arbejde; **3.** spiser frokost; **4.** har fri fra arbejde og køber ind; **5.** er hjemme og slapper af; **6.** spiser; **7.** ser fjernsyn eller læser en god bog; **8.** går i seng

  7

Präsens und Infinitiv eines Verbs kennen Sie nun schon. Damit Sie sich auch über die Vergangenheit unterhalten können, lernen Sie jetzt das Präteritum.

Die dänischen Verben lassen sich in drei Gruppen einteilen: Die Gruppen 1 und 2 umfassen regelmäßige Verben, wobei die meisten Verben der Gruppe 1 angehören. Die Präteritum-Endungen werden an den Stamm des Verbs angehängt.

Zur Gruppe 3 gehören ca. 120 unregelmäßige Verben.

	Verbstamm	Endung	Präteritum
Gruppe 1	bo-	**-ede**	*Ich wohnte ...*
Gruppe 2	køb-	**-te**	*Ich kaufte ...*
Gruppe 3	drik-	**drak**	*Ich trank ...*

Sie haben bereits die Zeitbestimmungen für die Zukunft (**på, i, om**) und für wiederkehrende Zeitpunkte (**om**) kennengelernt. Hier sind die Zeitbestimmungen für die Vergangenheit.

i + Wochentag + **-s**: **i tirsdags**, **i onsdags**, **i torsdags**
letzten Dienstag, letzten Mittwoch, letzten Donnerstag

i: **i morges**, **i eftermiddags**, **i aftes**, **i går**, **i forgårs**, **i sidste uge**
heute Morgen, heute Nachmittag, heute Abend, gestern, vorgestern, letzte Woche

for ... siden: **for en time siden**, **for to uger siden**, **for en måned siden** *vor einer Stunde, vor zwei Wochen, vor einem Monat*

Es ist Sonntagabend und Susanne ruft Per an. Hören Sie sich den Dialog an und unterstreichen Sie die Verben im Präteritum.

Per: Hallo, det er Per.

Susanne: Hej, det er Susanne. Hvordan var din weekend?

Per: Den var god. I går sov jeg længe. Så drak jeg en kop kaffe og spiste to rundstykker og et stykke wienerbrød.

Susanne: Lavede du ikke andet end at spise?

Per: Jo. Efter morgenmaden cyklede jeg en lang tur. Så tog jeg brusebad og slappede lidt af. Bagefter drak jeg kaffe og læste avisen.

Susanne: Hvad lavede du i fredags?

Per: I fredags regnede det. Så jeg gik i biografen og så en dansk film. Hvad lavede du?

Susanne: Jeg var på kunstmuseum. Det var en spændende udstilling.

Per: Skal vi ses i morgen?

Susanne: Nej, det kan jeg desværre ikke. Jeg tager til Oslo i morgen.

Per: Ok. God rejse. Hej.

Susanne: Hej hej.

LÖSUNG

7 var, var, sov, drak, spiste, lavede, cyklede, tog, slappede, drak, læste, lavede, regnede, gik, så, lavede, var, var

Familie und Freunde 71

en kvinde	Frau	**en kæreste**	Freund/Freundin (in einer Beziehung)
en kone	Ehefrau	**en bror**	Bruder
en mand	Mann/Ehemann	**en søster**	Schwester
et barn	Kind	**en datter**	Tochter
en pige	Mädchen	**en søn**	Sohn
en dreng	Junge	**forældre**	Eltern
en mor	Mutter	**bedsteforældre**	Großeltern
en far	Vater	**et barnebarn**	Enkel/Enkelin
mormor	Oma mütterlicherseits	**farmor**	Oma väterlicherseits
morfar	Opa mütterlicherseits	**farfar**	Opa väterlicherseits
gift	verheiratet	**fraskilt**	geschieden
ledig	unverheiratet		

72

73

stor	groß	**sød**	nett
lille	klein	**glad**	fröhlich
tyk	dick	**genert**	schüchtern
tynd	dünn	**fræk**	frech
ung	jung	**venlig**	freundlich
gammel	alt	**dum**	dumm
smuk	hübsch	**klog**	klug

Berufe 74

en kok	Koch	**en bager**	Bäcker
en bilmekaniker	Automechaniker	**en læge**	Arzt

Andere Länder lernt man u. a. durch die landestypischen Traditionen und Feste kennen. Typisch skandinavisch ist die Mittsommerfeier am 24. Juni - in Dänemark **Sankthans** genannt. Am Vorabend wird die kürzeste Nacht des Jahres gefeiert. Man trifft sich um ein großes Feuer und singt **Midsommervisen**, *das Mittsommerlied*.

Hören Sie sich an, welche Festlichkeit zu welcher Jahreszeit stattfindet.

påske - *Ostern*
jul - *Weihnachten*
årstid - *Jahreszeit*
forår - *Frühling*
sommer - *Sommer*
efterår - *Herbst*
vinter - *Winter*

1. Danskerne fejrer påske om foråret.

2. Danskerne fejrer Sankthans om sommeren.

3. Danskerne fejrer Halloween om efteråret.

4. Danskerne fejrer jul om vinteren.

3

Was gehört zu den Festlichkeiten?

1. Påske
- **A** gækkebrev
- **B** påskeæg
- **C** juletræ

2. Sankt Hans
- **A** påskehare
- **B** heks
- **C** bål

3. Halloween
- **A** påskeæg
- **B** græskar
- **C** stearinlys

4. Jul
- **A** gave
- **B** juletræ
- **C** julehjerte

An Ostern ist es in Dänemark Brauch, Freunden und Familie einen **gækkebrev** *Scherzbrief* zu schicken. Das Papier des Briefes ist oft farbig und in verschiedenen Mustern zugeschnitten. Darauf steht ein Gedicht und der Name des Absenders ist nur mit Punkten dargestellt. Diesem Brief liegt ein Schneeglöckchen bei. Sollte der Empfänger den Namen des Verfassers nicht erraten, ist er diesem ein Osterei schuldig.

LÖSUNG

3 **1.** A, B; **2.** B, C; **3.** B, C; **4.** A, B, C

Verbinden Sie die Satzteile mit den Zeitbegriffen.

1. Et år har 12	___	**A**	sekunder.
2. Et minut har 60	___	**B**	timer.
3. En uge har 7	___	**C**	uger.
4. En måned har 4	___	**D**	dage.
5. En time har 60	___	**E**	måneder.
6. En dag har 24	___	**F**	minutter.

5 76 6

Hören Sie sich die Ordnungszahlen von 1 bis 30 an und sprechen Sie diese nach.

1.	første	11.	ellevte	21.	enogtyvende
2.	anden	12.	tolvte	22.	toogtyvende
3.	tredje	13.	trettende	23.	treogtyvende
4.	fjerde	14.	fjortende	24.	fireogtyvende
5.	femte	15.	femtende	25.	femogtyvende
6.	sjette	16.	sekstende	26.	seksogtyvende
7.	syvende	17.	syttende	27.	syvogtyvende
8.	ottende	18.	attende	28.	otteogtyvende
9.	niende	19.	nittende	29.	niogtyvende
10.	tiende	20.	tyvende	30.	tredivte

Hören Sie sich die Monatsbezeichnungen auf Dänisch an und sprechen Sie diese nach.

januar, februar, marts, april, maj, juni, juli, august, september, oktober, november, december

Wann haben Sie Geburtstag? Ein Datum können Sie folgendermaßen angeben: **den sjette juli** – *der sechste Juli* oder **den sjette i syvende** – *der sechste Siebte*.

Lesen Sie laut nach folgendem Muster vor:

Hun / 03.04.
Hvornår har hun fødselsdag?
Hun har fødselsdag den tredje april. Hun har fødselsdag den tredje i fjerde.

1. Han / 17.07.
2. Jeg / 02.12.
3. Du / 24.01.
4. Hun / 10.05.

Glückwünsche lassen sich so ausdrücken: **Tillykke**! (auch in folgender Schreibweise: **Til lykke**!) *Glückwunsch*! oder **Hjertelig tillykke!** *Herzlichen Glückwunsch*! Wenn man den Anlass zusätzlich erwähnen möchte, heißt es: **(Hjertelig) tillykke med fødselsdagen**! *(Herzlichen) Glückwunsch zum Geburtstag*, **(Hjertelig) tillykke med de 40 år**! *(Herzlichen) Glückwunsch zum Vierzigsten*! Man antwortet: **Tak skal du have** *Danke*.

LÖSUNG

4 1.E; 2.A; 3.D; 4.C; 5.F; 6.B • **7 1.** den syttende juli / den syttende i syvende; **2.** den anden december / den anden i tolvte; **3.** den fireogtyvende januar / den fireogtyvende i første; **4.** den tiende maj / den tiende i femte

In Dänemark finden Sie acht Welterbestätten. Die fünf Kulturerbestätten umfassen: die Grabhügel, Runensteine sowie die Kirche von Jelling, die Kathedrale von Roskilde, Schloss Kronborg bei Helsingør, Christiansfeld und die Parforcejagdlandschaft in Nordseeland. Die drei Naturerbestätten sind der Ilulissat-Eisfjord in Grönland, das Wattenmeer und die Steilküste Stevns Klint.

Sie wollen die Sehenswürdigkeiten der Stadt erkunden:

seværdigheder	*Sehenswürdigkeiten*
Jeg vil gerne se kirken.	*Ich möchte die Kirche besichtigen.*
rådhuset	*das Rathaus*
slottet	*das Schloss*
den gamle by	*die Altstadt*
museet	*das Museum*
Udstillingen er åben dagligt fra klokken 9 til 17.	*Die Ausstellung ist täglich von 9 bis 17 Uhr geöffnet.*
Er der en rundvisning på tysk eller på fransk?	*Gibt es eine Führung auf Deutsch oder Französisch?*

3

Wo gehen Sie hin, wenn Sie die unten genannten Interessen haben? Schreiben Sie die entsprechenden Ausdrücke auf die Zeilenlinien.

i biografen ▪ i teatret ▪ på museum ▪ på restaurant ▪ til koncert ▪ til stranden

1. Jeg er interesseret i film. Jeg vil ____________________

2. Jeg er interesseret i musik. Jeg vil ____________________

3. Jeg kan godt lide skuespil. Jeg vil ____________________

4. Jeg kan godt lide god mad. Jeg vil ____________________

5. Jeg kan lide at bade. Jeg vil ____________________

6. Jeg er interesseret i kunst. Jeg vil ____________________

Die Präpositionen **i** *in*, **på** *auf/an* und **til** *nach/zu* lernen Sie am besten mit den entsprechenden Substantiven, da es für deren Gebrauch keine festen Regeln gibt.

LÖSUNG

3 1. i biografen; **2.** til koncert; **3.** i teatret; **4.** på restaurant; **5.** til stranden; **6.** på museum

Möchten Sie einen Vorschlag machen?

Skal vi gå i biografen?	*Sollen wir ins Kino gehen?*
Vil du med i biografen?	*Willst du mit ins Kino gehen?*

Positive Antwort:

Ja, det kan vi godt.	*Ja, das können wir machen.*
Ja, det vil jeg gerne.	*Ja, das möchte ich gerne.*

Negative Antwort:

Nej, det har jeg ikke lyst til.	*Nein, dazu habe ich keine Lust.*
Jeg vil hellere ...	*Ich möchte lieber ...*
Nej, det gider jeg ikke.	*Nein, das mag ich nicht.*

Das Perfekt wird wie im Deutschen mithilfe der Verben **have** *haben* oder **være** *sein* und dem Partizip Perfekt gebildet. Die allermeisten Verben verlangen im Perfekt **have** *haben*. Einige Verben, die Bewegung ausdrücken, bilden das Perfekt aber mit **være** *sein (z.B.: gå – er gået).*

Wie wird das Partizip gebildet? An den Stamm des Verbs wird die Endung -**et** oder -**t** angehängt, z. B.

spis – har spist, høre – har hørt, bo – har boet

Endet das Präteritum auf **-ede**, muss **-et** angehängt werden. Bei der Präteritum-Endung **-te** muss **-t** angehängt werden.

6 

Susanne möchte Petra gerne Kopenhagen zeigen und fragt sie, welche Dinge Petra bereits erlebt hat. Ergänzen Sie die fehlenden Verben im Perfekt.

Susanne: ______ du ________ **1** i Tivoli?

Petra: Ja, det har jeg.

Susanne: ______ du ________ **2** Stjerneskud?

Petra: Nej, det har jeg ikke.

Susanne: Så synes jeg, at vi skal tage på Nyhavn og spise Stjerneskud i morgen. ______ du ________ **3** på Louisiana?

Petra: Nej, det har jeg ikke. Men jeg ______ altid ________ **4** mig for kunst.

Susanne: ______ du ________ **5** på Christiania?

Petra: Nej, men jeg ______ ________ **6** meget om stedet.

Susanne: Hvis vejret er godt, kan vi også gå en tur i Kongens Have.

Petra: Ja, det er en god ide.

LÖSUNG

6 1. har været; **2.** har spist; **3.** har været; **4.** har interesseret; **5.** har været; **6.** har hørt

Rund 11 % des Landes sind bewaldetes Gebiet, wobei Buchen, Eschen, Eichen und Nadelbäume dominieren. Dass **bøgen** *die Buche* von nationalem Interesse ist, wird u.a. in der Nationalhymne deutlich: **„Der er et yndigt land, det står med brede bøge …“** *„Es liegt ein lieblich Land im Schatten breiter Buchen …“*. Seit 1984 ist **svanen** *der Schwan* das Nationaltier Dänemarks.

Lesen Sie die dänischen Tiernamen.

1. en hund

2. en kat

3. en kanin

4. en gris

5. en ko

6. en hest

7. en fisk

8. en abe

9. en elefant

  81

Hier finden Sie einige nützliche Sätze zum Thema Tiere.

Hvor ligger zoologisk have?	*Wo liegt der Zoo?*
Har du husdyr?	*Hast du Haustiere?*
Jeg kan godt lide dyr.	*Ich mag Tiere.*
Jeg er allergisk over for hunde.	*Ich bin allergisch gegen Hunde.*
Jeg har katteallergi.	*Ich habe eine Katzenallergie.*
Foreningen til Dyrenes Beskyttelse.	*Der Tierschutzverein.*

4

Der dänische Autor Hans Christian Andersen hat einige Tiermärchen geschrieben. Wählen Sie den richtigen dänischen Titel.

1. Das hässliche Entlein
- **A** Den smukke and
- **B** Den grimme ælling
- **C** Den grumme ælling

2. Die wilden Schwäne
- **A** De vilde køer
- **B** De vilde svin
- **C** De vilde svaner

3. Die Schnecke und der Rosenstock
- **A** Sneglen og rosenhækken
- **B** Sneglen eller rosen
- **C** Sneglen og matrosen

4. Die Nachtigall
- **A** Natuglen
- **B** Nattergalen
- **C** Natteravnen

LÖSUNG

4 1.B; 2.C; 3.A; 4.B

Relativpronomen

Mit Relativpronomen kann man zwei Sätze, die das gleiche Subjekt oder Objekt haben, mit Hilfe eines Pronomens verbinden. Es gibt im Dänischen die Relativpronomen **der** und **som**. Steht das Relativpronomen als Subjekt, kann man sowohl **som** als auch **der** benutzen.

Jeg har en kat, som / der er sort.

Steht das Relativpronomen als Objekt, darf man nur **som** benutzen.

Han har en hundehvalp, som han vil sælge.

6

Ergänzen Sie die passenden Relativpronomen.

1. Jeg har en fugl, ________ kan synge.
2. Det er den elefant, ________ du så i zoologisk have.
3. Jeg kan godt lide den fisk, ________ du købte i butikken.
4. Jeg så en ræv, ________ var rød.

Dänemark ist Europas größter Schweineexporteur. In Dänemark leben tatsächlich mehr Schweine als Menschen!

Was passt nicht in die Reihe?

1. hindbær, brombær, blåbær, træer
2. hund, kat, kanin, ko, rose
3. mælkebøtte, fugl, brændenælde, hyld

8

Hier finden Sie eine Liste der gefährlichsten Tiere und Pflanzen in Dänemark. Tragen Sie die richtigen Wörter ein, manche können öfter vorkommen.

en fisk • en svamp • et insekt • en plante • en slange

1. En gedehams *(Gemeine Wespe)* er ____________________
2. En hugorm *(Kreuzotter)* er ____________________
3. En fjæsing *(Petermännchen)* er ____________________
4. En hvid fluesvamp *(weißer Fliegenpilz)* er ____________________
5. En grøn fluesvamp *(grüner Knollenblätterpilz)* er ____________________
6. En skarntyde *(gefleckter Schierling)* er ____________________

LÖSUNG

6 1. som / der; **2.** som; **3.** som; **4.** som / der • **7 1.** træer; **2.** rose; **3.** fugl •
8 1. et insekt; **2.** en slange; **3.** en fisk; **4.** en svamp; **5.** en svamp; **6.** en plante

Urlaub 82

et hotel	Hotel	**morgenmad**	Frühstück
et hotelværelse	Hotelzimmer	**frokost**	Mittagessen
en campingplads	Campingplatz	**aftensmad**	Abendessen
et sommerhus	Ferienhaus	**ligge på stranden**	am Strand liegen
en bondegård	Bauernhof	**bade**	baden
en strandferie	Strandurlaub		
en nøgle	Schlüssel		

Wetter 83

Hvordan er vejret?
Wie ist das Wetter?

Vejret er dejligt.
Das Wetter ist schön.
Det er solskinsvejr.
Die Sonne scheint.
Det regner.
Es regnet.
Det er koldt.
Es ist kalt.
Det blæser.
Es ist windig.

Aktivitäten 84

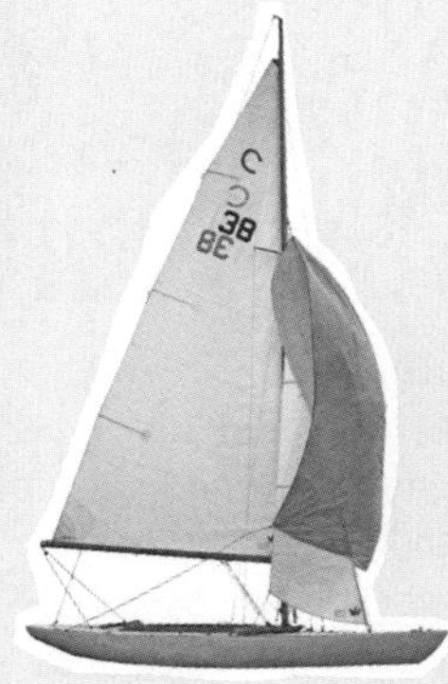

sejle	segeln
slappe af	ausruhen
gå en tur	spazierengehen
bade i havet	im Meer baden
svømme	schwimmen

Frühstück 85

en kaffe	Kaffee	**mælk**	Milch
en ost	Käse	**sødmælk**	Vollmilch (3,5%)
et brød	Brot	**letmælk**	fettarme Milch (1,5%)
rundstykker	Brötchen	**skummetmælk**	Magermilch (0,1%)
æg	Eier	**fløde**	Sahne
et æble	Apfel	**kvark**	Quark

In Dänemark gibt es Übernachtungsmöglichkeiten aller Art, vom modernen **hotel** *Hotel* über **slot og herregård** *Schloss und Herrensitz*, **bondegård** *Bauernhof*, **sommerhus** *Ferienhaus*, **campingplads** *Campingplatz*, bis zu **vandrerhjem** *Jugendherberge*. **Vandrerhjem** heißt wörtlich übersetzt „*Wandererheim*" und eignet sich für jedermann – egal welchen Alters.

2 

Sie wollen ein Zimmer buchen:

Jeg vil gerne have et værelse.	*Ich hätte gerne ein Zimmer.*
et enkeltværelse	*ein Einzelzimmer*
et dobbeltværelse med bad	*ein Doppelzimmer mit Bad*
med brusebad	*mit Dusche*
med morgenmad	*mit Frühstück*
med fuld pension	*mit Vollpension*
med udsigt til havet	*mit Aussicht aufs Meer*
Hvor mange dage?	*Für wie viele Tage?*
Alle værelser er desværre optaget.	*Leider sind alle Zimmer belegt.*

Susanne reserviert für Petra ein Zimmer im Hotel. Hören Sie den Dialog einmal komplett an. Danach hören Sie den Dialog noch einmal - allerdings fehlt dann Susannes Stimme. Übernehmen Sie nun Susannes Rolle.

Rezeption: Hotel Grønne Hus.
Susanne: Goddag, jeg vil gerne bestille et værelse til min tyske veninde Petra Müller.
Rezeption: Hvornår kommer hun?
Susanne: Hun kommer den 24. juli og bliver til den 26. juli. Altså 2 nætter.
Rezeption: Skal det være et enkelt- eller dobbeltværelse?
Susanne: Det skal være et enkeltværelse.
Rezeption: Skal det være med eller uden bad og toilet?
Susanne: Helst med bad og toilet.
Rezeption: Vi har et værelse med bad og toilet på 2. sal.
Susanne: Hvad koster det?
Rezeption: Det koster 320 kroner per nat. Og det er med morgenbuffet.
Susanne: Det lyder godt.
Rezeption: Så er værelset reserveret.
Susanne: Tak. Farvel.
Rezeption: Farvel.

Finden Sie die korrekte Übersetzung der Zahlen heraus.

1. to hundrede ___ **A** 1900

2. fem hundrede ___ **B** 1000

3. (et) tusind ___ **C** 500

4. (et) tusind og ni hundrede ___ **D** 200

første - *erste*
sidste - *letzte*
en uge - *Woche*

5 88

Frank möchte seinen Urlaub planen. Hören Sie sich den Dialog an und wählen Sie die richtige Antwort aus.

1. Frank vil gerne ...
- **A** bestille et hotelværelse
- **B** leje et sommerhus
- **C** bestille morgenmad

2. Hvor meget koster det per uge?
- **A** 2000 kroner
- **B** 1500 kroner
- **C** 800 kroner

3. Hvor mange værelser er der?
- **A** 3
- **B** 4
- **C** 5

4. Er der langt til stranden?
- **A** 100 meter
- **B** 200 meter
- **C** 300 meter

5. Hvor kan man handle ind?
- **A** hos slagteren
- **B** hos bageren
- **C** i døgnkiosken

6. Hvornår er huset ledigt i juli måned?
- **A** de første 2 uger
- **B** de sidste 2 uger
- **C** den første uge

Sie haben nun schon mehrere zusammengesetzte Substantive gelernt, z. B.
sommer + hus = sommerhus

Man kann zwei Substantive auf drei verschiedene Arten zusammensetzen.

- Man verbindet die zwei Grundformen mit **-s-:**
  gulerod + kage = gulerodskage *Möhrenkuchen*
- Man verbindet die zwei Grundformen mit **-e-:**
  barn + barn = barnebarn *Enkel(in)*
- Man setzt die zwei Grundformen einfach zusammen
  sommer + hus = sommerhus *Ferienhaus*

Bilden Sie nun mit den folgenden Wörter neue, zusammengesetze Wörter, z. B. *sommerhus*. Es gibt mehrere Möglichkeiten.

hus • pas • creme • ferie • plads

1. sommer: ____________, ____________

2. rejse: ____________

3. sol: ____________

4. parkerings: ____________, ____________

5. camping: ____________, ____________, ____________

LÖSUNG

4 1.D; 2.C; 3.B; 4.A • **5** 1.B; 2.C; 3.A; 4.B; 5.B/C; 6.A • **7** **1.** sommerhus, sommerferie; **2.** rejsepas, **3.** solcreme, **4.** parkeringsplads, parkeringshus, **5.** campingpas, campingferie, campingplads

Dänemark ist ein bei Deutschen beliebtes Urlaubsland. Viele verbringen ihren Sommerurlaub im Ferienhaus an den schönen Stränden der Nord- oder Ostsee. Möchten Sie Dänemark für sich alleine haben, dann verreisen Sie in den Monaten November und Januar. Sie werden einem fast menschenleeren Land begegnen. Es ist dunkel, kalt und windig, aber die Dänen machen es sich zu Hause oder im Café gemütlich.

Sie planen Ihren Urlaub? Hier sind einige Wörter, die Ihnen dabei nützlich sein könnten:

storbyferie	*Großstadturlaub*
strandferie	*Strandurlaub*
sommerhusferie	*Ferienhausurlaub*
hotelferie	*Hotelurlaub*
charterferie	*Pauschalreise*
skiferie	*Skiurlaub*
aktiv ferie	*Aktivurlaub*
højskoleophold	*Heimvolkshochschulaufenthalt* (Volkshochschule mit Übernachtung)
blive hjemme	*zu Hause bleiben*

Es ist Urlaubszeit. Person A hat sich für einen Skiurlaub entschieden, Person B für einen Urlaub im dänischen Sommerhaus. Hören Sie zu, welche Aktivitäten, welches Wetter sowie welche Kleidung zum jeweiligen Urlaub passen und schreiben Sie diese auf.

1. aktiviteter **2. vejret** **3. tøjet**

______ ______ ______

______ ______ ______

4. aktiviteter **5. vejret** **6. tøjet**

______ ______ ______

______ ______ ______

LÖSUNG

3 1. står på ski, spiser dejlig mad; **2.** koldt, mørkt; **3.** en trøje, et halstørklæde; **4.** går tur, samler muslinger og rav; **5.** 18 grader, det blæser og regner; **6.** regntøj, en hue

Präteritum oder Perfekt?

Man benutzt das Perfekt, wenn der Zeitpunkt nicht definiert ist (**aldrig, tit, engang**) oder wenn man eine Frage stellt, die allgemein auf die Vergangenheit Bezug nimmt: **Har du haft en god ferie?**

Man benutzt dagegen das Präteritum, wenn es sich um einen bestimmten Zeitpunkt oder Zeitraum in der Vergangenheit handelt oder wenn eine Zeitbestimmung in der Vergangenheit vorhanden ist (**i går, for 2 uger siden**).

5

Ergänzen Sie die fehlenden Verben in der korrekten Form.

Sidste sommer ____________ (**1** være) jeg på ferie i Danmark.

Jeg ____________ (**2** bo) i et sommerhus ved Vesterhavet.

Der _____ jeg _______ (**3** bo) tit. Jeg kan godt lide at gå ved stranden og samle muslinger, sten og rav. Jeg ___________ altid _________ (**4** interessere) mig for naturen og for 2 uger siden ____________ (**5** købe) jeg en bog om forsteninger. Jeg _____ allerede _______ (**6** læse) den. Jeg glæder mig til min næste ferie i Danmark.

In privaten Briefen ist die Anredeform **kære** *liebe/r* üblich und als Briefschluss verwendet man **kærlig hilsen** *liebe Grüße*. Dagegen benutzt man in Geschäftsbriefen keine Anredeform und als Schlusswendung **med venlig hilsen** *mit freundlichen Grüßen*.

6

Lesen Sie den Text noch einmal durch und stellen Sie die passende Frage zu den Antworten.

1. Hvor ____________________? – Jeg var i Lund.

2. Hvor ____________________? – Jeg boede i et sommerhus.

3. Hvad ____________________? – Jeg kan lide at samle rav.

4. Hvad ____________________? – Jeg har købt en bog.

5. Hvad ____________________? – Jeg glæder mig til min næste ferie.

7

Vervollständigen Sie die Postkarte unter Verwendung der aufgeführten Wörter.

i Skagen • samlede • på stranden • bade i havet • besøgte •
hjem • kære • hilsen • fisk

__________ **1** Susanne! Jeg håber, at du har det godt. Jeg er
på ferie __________ **2**. Jeg spiser ______________ **3** hver dag.
Solen skinner og det er dejligt at __________________ **4**.
I morges gik jeg ________ ____________ **5** og ______________ **6** rav.
I går ____________ **7** jeg Skagens museum. Jeg ringer, når jeg
kommer ________________. **8**

Kærlig ______________ **9** Per

LÖSUNG

5 1. var; **2.** boede; **3.** har boet; **4.** har interesseret; **5.** købte; **6.** har læst • **6 1.** Hvor var du?; **2.** Hvor boede du? **3.** Hvad kan du lide at lave? **4.** Hvad har du købt? **5.** Hvad glæder du dig til? • **7 1.** Hej; **2.** i Skagen; **3.** fisk; **4.** bade i havet; **5.** på stranden; **6.** samlede; **7.** besøgte; **8.** hjem; **9.** hilsen

Medien 

et fjernsyn
Fernsehen

en mobiltelefon
Handy

en mail-konto
E-Mail-Konto

en adgangskode
Passwort

nyheder
Nachrichten

et internet
Internet

en avis
Zeitung

92

Hej, det er Erik.
Jeg vil gerne tale med Mona.
Hallo, hier spricht Erik.
Kann ich bitte Mona sprechen?

Et øjeblik!
Hun er optaget og ringer tilbage senere.
Einen Moment bitte. Sie ist gerade beschäftigt und ruft später zurück.

telefonere	telefonieren
ringe	anrufen
et områdenummer	Vorwahl

Arbeitsplatz  93

Jeg er buschauffør.
Ich bin Busfahrer.

Hvad laver du?
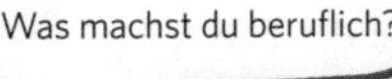
Was machst du beruflich?

en arbejdsplads	Arbeitsstelle
en arbejdsdag	Arbeitstag
en uddannelse	Ausbildung
en løn	Lohn/Gehalt
en erhvervserfaring	Berufserfahrung
kolleger	Kollegen

Da im Dänischen Wörter im Allgemeinen nicht nach männlich und weiblich unterschieden werden, verwendet man bei fast allen Berufsbezeichnungen **stilling** *Beruf* nur die gängige Grundform, z. B. **lærer** *Lehrer* oder **sygeplejerske** *Krankenschwester*. Die wöchentliche Arbeitszeit beträgt 37 Stunden und jeder Arbeitnehmer hat Anspruch auf fünf Wochen bezahlten Urlaub.

Ein Tipp: Im dänischen Geschäftsleben wird Pünktlichkeit sehr geschätzt.

Falls Sie nach Ihrem Beruf gefragt werden ...

Hvad laver du?	*Was machst du (beruflich)?*
Jeg er tjenestemand.	*Ich bin Beamter / -in.*
funktionær	*Angestellte(r)*
arbejder	*Arbeiter / -in*
pensionist	*Rentner / -in*
arbejdsløs	*arbeitslos*
Jeg arbejder i et firma.	*Ich arbeite in einer Firma.*
på et kontor	*in einem Büro*
i en forretning	*in einem Geschäft*
Jeg går i skole.	*Ich gehe zur Schule.*
Jeg er studerende.	*Ich bin Student / -in.*

3

Wie heißen die verschiedenen Berufe? Verbinden Sie die dänischen und deutschen Wörter.

1. bager	___ **A** Arzt
2. kok	___ **B** Polizist
3. læge	___ **C** Lehrer
4. sygeplejerske	___ **D** Bäcker
5. lærer	___ **E** Koch
6. politimand	___ **F** Fischer
7. fisker	___ **G** Krankenschwester

Welche Tätigkeiten übt man in den verschiedenen Berufen aus?

1. En lærer ...
- **A** kører bus.
- **B** underviser i skolen.
- **C** arbejder på kontor.

2. En bager ...
- **A** bager brød og kager.
- **B** rejser meget.
- **C** bygger broer.

3. En ingeniør ...
- **A** studerer.
- **B** bygger broer.
- **C** hjælper syge mennesker.

4. En fisker ...
- **A** sælger blomster.
- **B** underviser i skolen.
- **C** fisker fisk.

LÖSUNG

3 1.D; 2.E; 3.A; 4.G; 5.C; 6.B; 7.F • **4** 1.B; 2.A; 3.B; 4.C

Lesen Sie sich die Beschreibung durch und kreuzen Sie den richtigen Beruf an.

Jeg hedder Helene. Jeg bor i en lejlighed i København. Jeg har en datter på 3 år, som hedder Anna. Vi står op klokken 5.45. Så spiser vi morgenmad. Anna er i børnehaven klokken 7.00, og jeg er på arbejde klokken 7.30. Jeg spiser frokost klokken 13. Jeg henter Anna klokken fire om eftermiddagen. Vi køber ind og cykler hjem. Anna hjælper med aftensmaden. Efter aftensmaden ser vi fjernsyn. Anna kommer i seng klokken 19.15. Jeg vasker op og laver en kop aftenkaffe. Så læser jeg en bog. Jeg går i seng klokken 22.

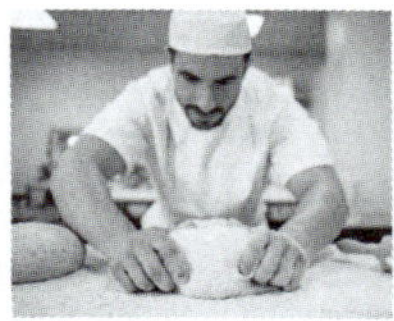

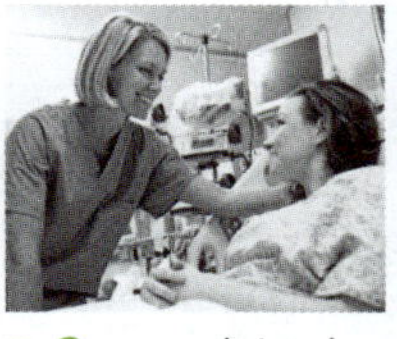

- **1.** bager
- **2.** fisker
- **3.** sygeplejerske

Mit den Possessivpronomen zeigt man den Besitz an. In der ersten und zweiten Person richtet sich das Possessivpronomen in Geschlecht und Zahl nach dem Substantiv. Alle anderen Formen sind unveränderlich.

jeg - min, mit, mine

du - din, dit, dine

han / hun - hans / hendes **den / det - dens / dets**

vi - vores

I - jeres

de - deres

en-Wörter Singular: **en mor - min / din mor**

et-Wörter Singular: **et bord - mit / dit bord**

Plural: **forældre - mine / dine forældre**

7

Vervollständigen Sie die Sätze mit dem passenden Possessivpronomen.

1. Jeg har et arbejde. Det er ______________ arbejde.
2. Er det din arbejdsplads? Ja, det er __________ arbejdsplads.
3. Kan du lide dit arbejde? Ja, jeg kan godt lide ______ arbejde.
4. Hvad hedder dine kolleger? ________ kolleger hedder Anne, Hans og Lotte.
5. Vi har en chef. Det er __________________ chef.
6. I har en lang arbejdsdag. ____________ arbejdsdag er lang.
7. De har en god løn. _______________ løn er god.

LÖSUNG

5 3 • **7** **1.** mit; **2.** min; **3.** mit; **4.** mine; **5.** vores; **6.** Jeres; **7.** Deres

Die schriftliche Bewerbung besteht aus einem Bewerbungsschreiben, das maximal zwei DIN-A-4-Seiten lang sein darf. Wichtig ist die Angabe von Referenzen, die auch tatsächlich überprüft werden. Zeugnisse werden in Kopie beigefügt. Ein Foto wird in Dänemark nicht erwartet und ist auch nicht üblich.

Haben Sie eine Stelle bekommen? Dann **Tillykke!** *Gratuliere!*

Tillykke!	*Gratuliere!*
Tillykke med din eksamen!	*Ich gratuliere zum Examen!*
De hjerteligste lykønskninger i anledning af fødselsdagen.	*Die herzlichsten Glückwünsche zum Geburtstag!*
De bedste ønsker!	*Die besten Wünsche!*
Held og lykke!	*Viel Glück!*
God weekend!	*Schönes Wochenende!*
God ferie!	*Schöne Ferien!*

3

Hier sind die Inhalte eines dänischen **Curriculum Vitae** (Abkürzung C.V.) ***Lebenslauf.*** Verbinden Sie die Überschriften mit der jeweiligen deutschen Entsprechung.

1. Personlige oplysninger	___	**A** Informatikkenntnisse
2. Uddannelse	___	**B** Persönliche Angaben
3. Erhvervserfaring	___	**C** Sprachkenntnisse
4. Frivilligt arbejde	___	**D** Freizeitinteressen
5. Kurser og efteruddannelse	___	**E** Referenzen
6. Sprogkundskaber	___	**F** Ausbildung
7. IT-kompetencer	___	**G** Beruflicher Werdegang
8. Fritidsinteresser	___	**H** Kurse und Weiterbildung
9. Referencer	___	**I** Ehrenamtliche Arbeit

Im Vorstellungsgespräch sind Fragen nach persönlichen Dingen, wie Ehe, Kinder, Interessen aber auch der finanziellen Situation durchaus üblich.

LÖSUNG

3 1.B; 2.F; 3.G; 4.I; 5.H; 6.C; 7.A; 8.D; 9.E

Im Dänischen sind fast alle Wörter im Computer- und Internetbereich aus dem Englischen übernommen worden.

Was sehen Sie auf den Bildern? Ordnen Sie die vier Gegenstände den richtigen Wörtern zu.

1 2 3 4

___ **A** CD ___ **B** printer ___ **C** scanner

___ **D** program ___ **E** papir ___ **F** mus

___ **G** tastatur ___ **H** e-mail ___ **I** internet

___ **J** surfe

5 § 3

Zur Bildung des Superlativs (die zweite Steigerungsform) wird **-(e)st** an die Grundform des Adjektivs angehängt.

dyr – dyr-est

billig – billig-st

Analog zum Komparativ setzt man bei mehrsilbigen Wörtern **mest** *am meisten* vor das Adjektiv.

mest interessant *am interessantesten*

Steht der Superlativ direkt nach einem bestimmten Artikel, Possessivpronomen oder Genitiv, wird die **e**-Form verwendet.

De hjerteligste lykønskninger

Einige Steigerungsformen werden unregelmäßig gebildet.

god - bedre - bedst

gut - besser - am besten

De bedste ønsker

Unregelmäßige Adjektive
gammel - ældre - ældst (*alt*)
lille - mindre - mindst (*klein*)
mange - flere - flest (*viele*)

6

Ergänzen Sie die Adverbien im Superlativ.

1. En novelle er spændende. En krimi er mere spændende. Men en gyser er ____________.

2. En dyrefilm er god. En dokumentarfilm er bedre. Men en komedie er ____________.

3. En avis er dyr. Et ugeblad er dyrere. Men en tegneserie er ____________.

4. Benny Andersen er en kendt forfatter. Karen Blixen er mere kendt. H.C. Andersen er ____________.

LÖSUNG

4 1.F; 2.G; 3.C; 4.A • **6** **1.** mest spændende; **2.** bedst; **3.** dyrest; **4.** mest kendt

Wenn Sie in Dänemark telefonieren möchten, denken Sie daran, immer die Vorwahl zu wählen. Dies gilt auch, wenn Sie innerhalb einer Stadt, eines Dorfes oder auch nur den im selben Haus wohnenden Nachbarn anrufen wollen. Neuerdings kann man seine Rufnummer bei Umzügen innerhalb Dänemarks mitnehmen.

 97

Sie wollen telefonieren:

Jeg skal telefonere.	*Ich muss telefonieren.*
Hvad er områdenummeret for Århus?	*Wie lautet die Vorwahl von Århus?*
Drej 112, det er alarm.	*Wählen Sie 112, das ist der Notruf.*
Det er ...	*Hier spricht ...*
Jeg vil gerne tale med Malene Ladegård.	*Kann ich bitte Malene Ladegård sprechen?*
Et øjeblik!	*Einen Augenblick, bitte!*
Du har fået forkert nummer!	*Falsch verbunden!*

Ordnen Sie zu. Wie können Sie ...

1. ... nach einem Geschäftspartner fragen?
2. ... nachfragen, ob Sie eine Nachricht hinterlassen könnten?
3. ... Bescheid sagen, dass Sie später zurückrufen werden?
4. ... nachfragen, wann jemand wieder da ist?

___ **A** Jeg ringer tilbage senere.

___ **B** Kan du lægge en besked til ham?

___ **C** Må jeg godt tale med Søren Hansen fra salgsafdelingen?

___ **D** Hvornår kan jeg få fat i ham?

Mit **på + Wochentag** ist immer der kommende Wochentag gemeint: **på tirsdag** *am kommenden Dienstag*

Sonstige Zeitangaben der Zukunft sind:

i: **i morgen** *morgen*, **i overmorgen** *übermorgen*, ***i aften*** *heute Abend*, **i næste uge** *nächste Woche*

om: **om en time** *in einer Stunde*, **om to dage** *in zwei Tagen*, **om en måned** *in einem Monat*, **om et år** *in einem Jahr*

LÖSUNG

3 1.C; 2.B; 3.A; 4.D

 98

Susanne und Per möchten gerne ins Kino gehen und versuchen, einen Termin zu vereinbaren. Dies wird allerdings nicht einfach, weil beide einen vollen Wochenplan haben. Lesen Sie sich den Dialog zwischen Susanne und Per durch. Unterstreichen Sie alle Zeitangaben.

Susanne: Hej Per. Skal vi gå i biografen?

Per: Ja. Hvornår? I morgen aften?

Susanne: I morgen kan jeg ikke. Jeg skal til frisør. Hvad med onsdag?

Per: Om onsdagen spiller jeg fodbold. Så hellere torsdag eftermiddag.

Susanne: På torsdag kommer mine bedsteforældre på besøg.

Per: Hvad med fredag aften?

Susanne: Fredag passer fint.

Per: Godt, så ses vi på fredag.

6 § 4

Ortsadverbien

Die kurze Form antwortet auf die Frage *wohin*?, die längere auf die Frage *wo*?

De går ind. *Sie gehen hinein.*
De er inde. *Sie sind drinnen.*

wohin?	wo?
ind *hinein*	**inde** *drinnen*
ud *hinaus*	**ude** *draußen*
ned *hinunter*	**nede** *unten*
op *hinauf*	**oppe** *oben, auf*
over *über*	**ovre** *drüben*
hen *hin*	**henne** *dort*
hjem *nach Hause*	**hjemme** *zu Hause*

Welches der beiden Ortsadverbien passt in den Satz? Wählen Sie aus.

1. Hun går ____________(hjem / hjemme).

2. Der er en cafe ____________ (hen / henne) på hjørnet.

3. De spiser morgenmad ____________ (ud / ude) i haven.

4. Er du ____________ (hjem / hjemme) i aften?.

5. Hvor skal du ____________ (hen / henne)?

6. Vil du med ____________ (ud / ude)?

LÖSUNG

5 i morgen, aften; i morgen; onsdag?; om onsdagen; torsdag eftermiddag; fredag aften; fredag; fredag • **6 1.** hjem; **2.** henne; **3.** ude; **4.** hjemme; **5.** hen; **6.** ud

Körperpflege  99

gå i brusebad	duschen
vaske sig	sich waschen
børste tænder	Zähne putzen
barbere sig	sich rasieren
børste hår	Haare bürsten

Gesundheit  100

medicin	Medizin, Medikament
tablet	Tablette
syg	krank
brækket	gebrochen
skåret	geschnitten
forstuvet	verstaucht
en læge	Arzt/Ärztin
et sygehus	Krankenhaus

Körperteile 101

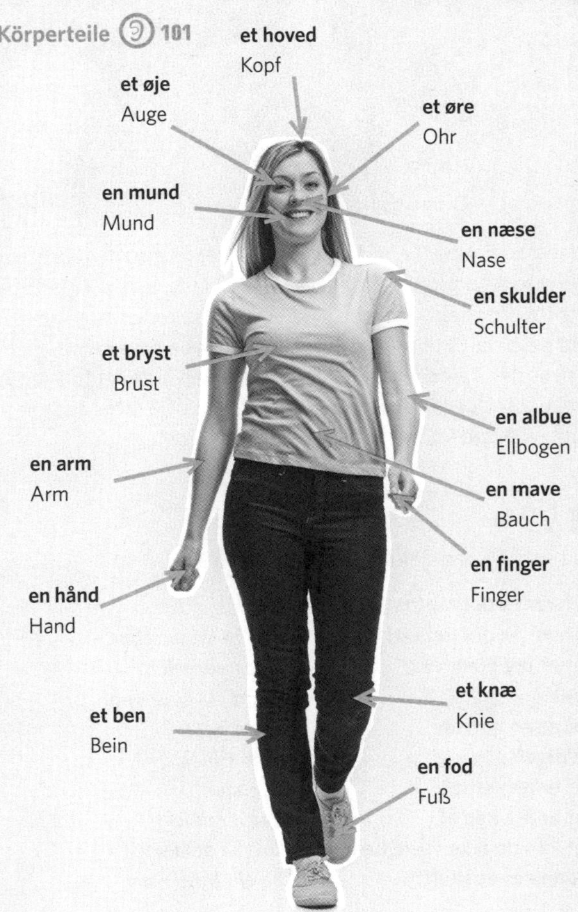

1

Dänemark ist zwar ein kleines Land, aber es gibt dennoch überraschend große regionale Unterschiede, was die Leute betrifft. Man sagt, **Jyderne** sind entspannt, reden langsam und sind bekannt für ihre Untertreibungen. **Københavnerne** seien gestresster, sprechen sehr schnell, drücken sich deutlich und direkt aus. Über **Fynboerne** sagt man, dass sie stets gut gelaunt sind und immer singen, anstatt zu reden.

2 

Lassen Sie Ihren Gefühlen einmal freien Lauf!

Ih, hvor er det fantastisk!	*Das ist ja toll!*
Ih, hvor er det dejligt!	*Das ist wunderbar!*
Det er jeg glad for.	*Das freut mich.*
Godt!	*Prima! In Ordnung!*
Det er en god ide!	*Gute Idee!*
Heldigvis!	*Zum Glück!*
Det er ærgerligt!	*Schade!*
Det er jeg ked af.	*Es tut mir leid!*
Det kan du ikke være bekendt!	*Das ist gemein!*
Sådan noget skidt!	*So ein Mist!*

3

Sehen Sie sich die Bilder an und schreiben Sie die passende dänische Charaktereigenschaft unter die deutsche Bezeichnung.

romantisk • genert • optimistisk • bekymret • ordentlig • alvorlig • glad • morsom

1. ordentlich

____

2. optimistisch

____

3. schüchtern

____

4. besorgt

____

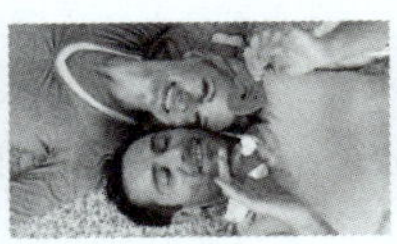

5. romantisch

____

6. ernst

____

7. fröhlich

____

8. lustig

____

LÖSUNG

3 1. ordentlig; **2.** optimistisk; **3.** genert; **4.** bekymret; **5.** romantisk; **6.** alvorlig; **7.** glad; **8.** morsom

Bei den Personalpronomen gibt es nur zwei Fälle: den Subjektfall (auf die Frage: *Wer*?), den Sie bereits kennengelernt haben und den Objektfall (auf die Fragen: *Wem*? *Wen*?).

	Subjekt	Objekt	
Singular	jeg	**mig**	*mir, mich*
	du	**dig**	*dir / dich*
	han	**ham**	*ihm, ihn*
	hun	**hende**	*ihr, sie*
	den	**den**	*ihm, es*
	det	**det**	*ihm, es*
Plural	vi	**os**	*uns*
	I	**jer**	*euch*
	de	**dem**	*ihnen*

Ergänzen Sie die Sätze mit dem passenden Personalpronomen.

1. Jeg elsker Søren – Jeg elsker ____________.

2. Jeg er sur på Anne – Jeg er sur på ____________.

3. Jeg er glad for Per og Susanne. - Jeg er glad for ____________.

4. Jeg kan ikke lide hunden. - Jeg kan ikke lide ____________.

5. Vil du besøge min søster og mig? - Vil du besøge ____________?

5 103

Ergänzen Sie die Beschreibung des Gesichts.

1. Han har et rundt ____________ *(Gesicht)*

2. Han har brune ____________ *(Augen)*

og en lille ________ *(Nase)*.

3. ____________ *(Mund)* er rød.

4. ______________ *(Ohren)* er store.

5. ____________ *(Haar)* er langt,

og ______________ *(Bart)* er kort.

hår
ansigt
øjne
øre
næse
mund
skæg

6

Verbinden Sie die Körperteile mit ihrer deutschen Entsprechung.

1. en arm	**5.** et hoved	___ **A** *Hand*	___ **E** *Finger*
2. et ben	**6.** en hals	___ **B** *Arm*	___ **F** *Fuß*
3. en finger	**7.** en hånd	___ **C** *Hals*	___ **G** *Bauch*
4. en fod	**8.** en mave	___ **D** *Bein*	___ **H** *Kopf*

LÖSUNG

4 1. ham; **2.** hende; **3.** dem; **4.** den; **5.** os • **5 1.** ansigt; **2.** øjne, næse; **3.** Munden; **4.** Ørene; **5.** Håret, skægget • **6** 1.B; 2.D; 3.E; 4.F; 5.H; 6.C; 7.A; 8.G

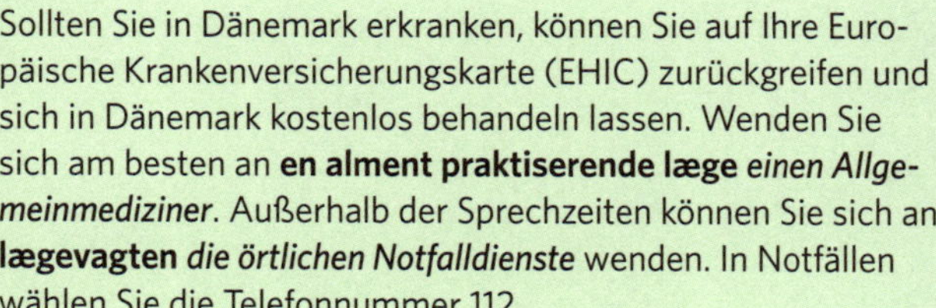

Sollten Sie in Dänemark erkranken, können Sie auf Ihre Europäische Krankenversicherungskarte (EHIC) zurückgreifen und sich in Dänemark kostenlos behandeln lassen. Wenden Sie sich am besten an **en alment praktiserende læge** *einen Allgemeinmediziner*. Außerhalb der Sprechzeiten können Sie sich an **lægevagten** *die örtlichen Notfalldienste* wenden. In Notfällen wählen Sie die Telefonnummer 112.

Hoffentlich werden Sie nicht krank! Aber falls doch, dann sollten Sie sprachlich gerüstet sein!

Jeg føler mig dårligt tilpas.	*Ich fühle mich nicht wohl.*
Jeg har kvalme.	*Mir ist übel.*
Jeg har feber.	*Ich habe Fieber.*
Jeg er forkølet.	*Ich bin erkältet.*
Jeg har hovedpine.	*Ich habe Kopfschmerzen.*
ondt i maven	*Bauchschmerzen*
ondt i tanden	*Zahnschmerzen*
Har du en hovedpinepille?	*Hast du eine Kopfschmerztablette?*
en sovepille	*eine Schlaftablette*
Hvor er der en læge?	*Wo ist hier ein Arzt?*
Hvor er apoteket?	*Wo ist die Apotheke?*

3

Verbinden Sie die Sätze.

1. Jeg har kvalme, ... ___ **A** så jeg skal til tandlægen.

2. Jeg kan ikke sove, ... ___ **B** så jeg skal i seng.

3. Jeg har ondt i hovedet, ... ___ **C** så jeg kan ikke spise noget.

4. Jeg har ondt i tanden, ... ___ **D** så jeg skal have en sovepille.

5. Jeg har feber, ... ___ **E** så jeg skal have en hovedpinepille.

4 § 5

Das Reflexivpronomen entspricht in der 1. und 2. Person der Objektform des Personalpronomens (**mig** - *mich*, **dig** - *dich*, **os** - *uns*, **jer** - *euch*), in der 3. Person heißt es **sig** *sich*.

	Subjekt	Objekt	
Singular	jeg	**mig**	*mich*
	du	**dig**	*dich*
	han, hun, den / det	**sig**	*sich*
Plural	vi	**os**	*uns*
	I	**jer**	*euch*
	de	**sig**	*sich*

LÖSUNG

3 1.C; 2.D; 3.E; 4.A; 5.B

Setzen Sie das richtige Reflexivpronomen ein.

1. Jeg føler ________ syg.

2. Han skal tabe ________.

3. Vi føler ________ ikke raske.

4. Han har skåret ________ i fingeren.

5. Du har slået ________.

5

Gute Vorsätze gehören zum Jahresanfang. Ordnen Sie die Bilder dem richtigen Vorsatz zu.

1

2

3

4

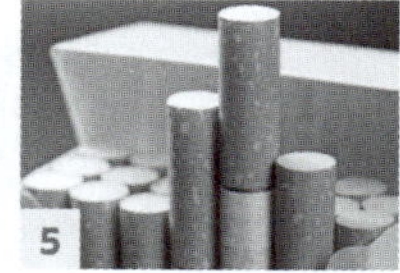
5

6

____ **A** Jeg vil tabe mig.

____ **B** Jeg vil drikke mindre alkohol.

____ **C** Jeg vil dyrke mere motion.

____ **D** Jeg vil holde op med at ryge.

____ **E** Jeg vil have mere tid til min familie.

____ **F** Jeg vil se mindre fjernsyn.

6 105

Auch wenn Sie im Dänischen nun schon recht fit sind, müssen Sie vielleicht doch ab und zu nachfragen.

Hvad for noget? *Wie bitte?*
Det har jeg ikke forstået. *Das habe ich nicht verstanden.*
Kan du sige det en gang til? *Kannst du das nochmal sagen?*
Kan du tale lidt langsommere? *Kannst du ein wenig langsamer sprechen?*
Hvad betyder det? *Was bedeutet das?*
Hvordan udtaler man det ord? *Wie spricht man dieses Wort aus?*
Nu har jeg forstået det. *Jetzt habe ich es verstanden.*

Achtung bei „falschen Freunden“! Falsche Freunde sind Wörter, die trotz der Ähnlichkeit zum Deutschen eine andere Bedeutung haben, z.B.
(*weich*) **blød** ≠ *blöd* (**dum**)
(*Wange*) **kind** ≠ *Kind* (**barn**)
(*Käse*) **ost** ≠ *Ost* (**øst**)

LÖSUNG

4 **1.** mig; **2.** sig; **3.** os; **4.** sig; **5.** dig • **5** 1.A; 2.F; 3.E; 4.B; 5.D; 6.C

1 Grammatik

In der Grammatik werden alle im Kurs behandelten Regeln anschaulich erklärt. Das Symbol , das Sie in den Lektionen immer wieder gefunden haben, verweist auf die jeweiligen Grammatikthemen, die Sie auf den nächsten Seiten nachlesen können.

2 Wortschatz

Zu Beginn des Wortschatzes finden Sie einige allgemeine Wörter. Anschließend finden Sie den Lektionswortschatz mit alle wichtigen Wörter und Wendungen aus jeder Lektion. So können Sie den Wortschatz lektionsweise und thematisch lernen.

§ 1 SUBSTANTIV UND ARTIKEL

Im Dänischen werden nur zwei Geschlechter unterschieden: Utrum (männlich und weiblich) sowie Neutrum (sächlich). Das Geschlecht stimmt nur teilweise mit dem Deutschen überein.

1.1 Der unbestimmte Artikel

Der unbestimmte Artikel heißt im Utrum **en**, im Neutrum **et**.

Utrum	**en stol** *ein Stuhl*
	en lampe *eine Lampe*
Neutr.	**et hus** *ein Haus*
	et barn *ein Kind*

1.2 Der bestimmte Artikel

Der bestimmte Artikel hat zwei Formen:

1. Steht das Substantiv allein, erscheint der bestimmte Artikel als Endung, die an das Substantiv angehängt wird.

Im Singular (Einzahl) heißt der bestimmte Artikel im Utrum **-en** oder **-n**, im Neutrum **-et** oder **-t**. Der bestimmte Artikel wird im Wörterbuch jeweils angegeben.

	Unbestimmte Form	Bestimmte Form
Utrum	**en stol** *ein Stuhl*	**stolen** *der Stuhl*
	en pige *ein Mädchen*	**pigen** *das Mädchen*
Neutrum	**et bord** *ein Tisch*	**bordet** *der Tisch*
	et øre *ein Ohr*	**øret** *das Ohr*

Im Plural (Mehrzahl) heißt der bestimmte Artikel **-ene**. Wenn die Pluralform auf **-e** oder **-er** endet, lautet er nur **-ne**.

Unbestimmte Form	Bestimmte Form
år *Jahre*	**årene** *die Jahre*
piger *Mädchen*	**pigerne** *die Mädchen*
borde *Tische*	**bordene** *die Tische*

2. Geht dem Substantiv ein Adjektiv voraus, so steht der bestimmte Artikel vor dem Adjektiv. Er heißt im Utrum **den**, im Neutrum **det**, im Plural **de**.

1.3 Die Pluralbildung

Die dänischen Substantive lassen sich nach ihrer Pluralbildung in Deklinationsgruppen (Beugungen) einteilen. Die Pluralendung wird an den Stamm angehängt. Sie ist im Wörterbuch jeweils angegeben.

1. Deklination auf **-er**, **-r**

Singular	Plural
en måned *ein Monat*	**to måneder** *zwei Monate*
en uge *eine Woche*	**to uger** *zwei Wochen*

2. Deklination auf **-e**

Singular	Plural
en dag *ein Tag*	**to dage** *zwei Tage*
et hus *ein Haus*	**to huse** *zwei Häuser*

3. Deklination ohne Endung

Singular	Plural
en sko *ein Schuh*	**to sko** *zwei Schuhe*
et år *ein Jahr*	**to år** *zwei Jahre*

4. Unregelmäßige Pluralbildungen (im Wörterbuch angegeben)

Singular	Plural
en mand *ein Mann*	**to mænd** *zwei Männer*
et barn *ein Kind*	**to børn** *zwei Kinder*

Eine Gruppe von Substantiven auf unbetontes **-el**, **-er** verlieren **-e** beim Anhängen der Pluralendung; dabei wird ein Doppelkonsonant vereinfacht.

Singular	Plural
en cykel *ein Fahrrad*	**to cykler** *zwei Fahrräder*
en gaffel *eine Gabel*	**to gafler** *zwei Gabeln*

Einige Wörter auf **-er**, vor allem Personenbezeichnungen, behalten das **-e** im Plural in der unbestimmten Form und verlieren es, wenn der bestimmte Artikel im Plural angehängt wird.

Plural unbestimmt	Plural bestimmt
to bagere *zwei Bäcker*	**bagerne** *die Bäcker*
to tyskere *zwei Deutsche*	**tyskerne** *die Deutschen*

Endet ein Substantiv nach einem kurzen, betonten Vokal, auf einem einfachen Konsonanten, so wird dieser beim Anhängen des bestimmten Artikels und der Pluralendung verdoppelt.

Singular	Plural
en butik *ein Laden*	**to butikker** *zwei Läden*
en hotel *ein Hotel*	**to hoteller** *zwei Hotels*

Einige Wörter kommen nur im Plural vor:

penge *Geld*
briller *Brille*
bukser *Hose(n)*

1.4 Groß- und Kleinschreibung

Großbuchstaben schreibt man:

1. am Textanfang, nach einem Punkt, Doppelpunkt, Fragezeichen oder Ausrufezeichen.
2. in Eigennamen: Danmark, Susanne.
3. in Namen öffentlicher Institutionen: **Folketinget** (das dänische Parlament).
4. in folgenden Pronomen der Anrede: **I** - Ihr, **Dem** - Ihnen, **Deres** - Ihr(e).

§ 2 DIE FÄLLE

Im Deutschen gibt es vier Fälle: Nominativ (wer?), Genitiv (wessen?), Dativ (wem?) und Akkusativ (wen?). Was im Deutschen durch die Unterscheidung von Nominativ, Dativ und Akkusativ gekennzeichnet ist, wird im Dänischen durch die Wortstellung sowie den Gebrauch von Präpositionen ausgedrückt. Von der Grundform unterscheidet sich im Dänischen nur der Genitiv.

2.1 Genitiv

Im Genitiv wird sowohl bei Personennamen als auch bei allen Substantiven die Endung **-s** angehängt. Das Substantiv im Genitiv steht immer vor dem Bezugswort.

Michaels telefonnummer *Michaels Telefonnummer*
Gittes telefonnummer *Gittes Telefonnummer*

Beachten Sie bitte, dass Konstruktionen wie „die Telefonnummer von Gitte" im Dänischen nicht möglich sind.

Endet ein Wort bereits auf **-s**, z. B. bei dem Personennamen Lars, wird **-es**, **-'s** oder **-'** hinzugefügt.

Larses hus
Lars's hus
Lars' hus

§ 3 DAS ADJEKTIV

Das Dänische unterscheidet wie das Deutsche zwischen starkem und schwachem Adjektiv. Das starke Adjektiv steht allein oder mit dem unbestimmten Artikel (ein guter Apfel), das schwache Adjektiv steht mit dem bestimmten Artikel (der gute Apfel).

3.1 Das starke Adjektiv

Das starke Adjektiv richtet sich in Geschlecht und Zahl nach dem zugehörigen Substantiv, auch in prädikativer Stellung.

Das starke Adjektiv hat drei Formen:

1. ohne Endung im Utrum
2. auf **-t** im Neutrum
3. auf **-e** im Plural

Utrum

en stor båd – *ein großes Boot* **Båden er stor.** *Das Boot ist groß.*

Neutrum

et stort skib – *ein großes Schiff* **Skibet er stort.** *Das Schiff ist groß.*

Plural

store huse – *große Häuser* **Husene er store.** *Die Häuser sind groß.*

Bei den Formen des Adjektivs ist Folgendes zu beachten:

- Auch bei Adjektiven wird ein einzelner Konsonant nach einem kurzen, betonten Vokal verdoppelt, wenn eine Silbe angefügt wird.

Singular		Plural
Utrum	Neutrum	
smal	**smalt**	**smalle** *eng*
tyk	**tykt**	**tykke** *dick*
grøn	**grønt**	**grønne** *grün*

- Adjektive auf **-el**, **-en**, **-er** verlieren das **-e**, wenn die Endung **-e** angehängt wird; Doppelkonsonanten werden dabei vereinfacht.

Singular		Plural
Utrum	Neutrum	
gammel	**gammelt**	**gamle** *alt*
mager	**magert**	**magre** *mager*

Adjektive auf **-sk** und **-t** sowie einige auf **-d** erhalten im Neutrum kein **-t**.

Singular		Plural
Utrum	Neutrum	
dansk	**dansk**	**danske** *dänisch*
smart	**smart**	**smarte** *schick*

- Mehrsilbige Adjektive auf **-s** und Adjektive auf **-e** bleiben unverändert.

Singular		Plural
Utrum	Neutrum	
stakkels	**stakkels**	**stakkels** *arm*
moderne	**moderne**	**moderne** *modern*

- Adjektive, die auf **-et** enden, erhalten im Plural die Endung **-ede**.

Singular		Plural
Utrum	Neutrum	
broget	**broget**	**brogede** *bunt*
stribet	**stribet**	**stribede** *gestreift*

- Adjektive, die auf einen langen Vokal enden, erhalten kein **-e**, außer **ny(e)** *neu* und **fri(e)** *frei*. Der lange Vokal wird im Neutrum vor **-t** gekürzt.

Singular		Plural
Utrum	Neutrum	
blå	blå	blå *blau*
ny	ny	ny *neu*

Die starken Formen der Adjektive werden in drei Fällen verwendet:

- Vor Substantiven ohne Artikel:

  Rød saftevand pletter. *Roter Saft macht Flecken.*
  Rødt lys betyder stop. *Rotes Licht bedeutet „Halt".*

- Nach den unbestimmten Artikeln **en** und **et** sowie nach unbestimmten Pronomen wie z. B. **al / alt / alle** *alle*, **anden / andet / andre** *andere*, **ingen / intet** *kein*, **meget** *viel* / **mange** *viele* und **nogen / noget / nogle** *irgendein, einige*.

  Hun kører i en rød folkevogn. *Sie fährt einen roten VW.*
  Drengen sov under et rødt uldtæppe. *Der Junge schlief unter einer roten Wolldecke.*

- Nach den Verben **være** *sein* und **blive** *werden*:

  Hendes bil er rød. *Ihr Auto ist rot.*
  Hans tæppe er rødt. *Seine Decke ist rot.*

3.2 Das schwache Adjektiv

Das schwache Adjektiv hat für alle Geschlechter im Singular und im Plural nur eine Form, die immer mit der starken Pluralform identisch ist.

den gode mand – *der gute Mann*
det store hus – *das große Haus*
de store huse – *die großen Häuser*

Die schwachen Formen werden in folgenden Fällen verwendet:

- Nach dem bestimmten Artikel (wie im Deutschen)

  den røde bil (Utrum) *das rote Auto*
  det røde lys (Neutrum) *das rote Licht*
  de røde farver (Plural) *die roten Farben*

- Abweichend vom Deutschen steht das schwache Adjektiv, die bestimmte Form, auch nach dem Possessivpronomen, dem Genitiv und in der Anrede.

  hendes røde bil (Utrum) *ihr rotes Auto*
  hans røde tæppe (Neutrum) *seine rote Decke*
  vores røde kuglepenne (Plural) *unsere roten Kugelschreiber*
  Gittes røde bil – *Gittes rotes Auto*
  Peters røde tæppe – *Peters rote Decke*
  skolens røde kuglepenne – *die roten Kugelschreiber der Schule*
  kære ven *lieber Freund*

3.3 Die Steigerung

1. Die meisten Adjektive bilden den Komparativ auf **-ere**, den Superlativ auf **-est**.

Adjektiv	Komparativ	Superlativ
mørk *dunkel*	**mørkere** *dunkler*	**mørkest** *am dunkelsten*
dyr *teuer*	**dyrere** *teuer*	**dyrest** *am teuersten*

- Endet das Adjektiv auf einem einfachen Konsonanten, dem ein kurzer, betonter Vokal vorausgeht, wird der Konsonant beim Anhängen der mit **-e** beginnenden Endung verdoppelt.

Adjektiv	Komparativ	Superlativ
smuk *schön*	**smukkere**	**smukkest**

2. Adjektive auf **-ig** und **-som** bilden den Superlativ auf **-st**.

Adjektiv	Komparativ	Superlativ
hurtig *schnell*	**hurtigere**	**hurtigst**
morsom *lustig*	**morsommere**	**morsomst**

3. Adjektive auf ein unbetontes **-e** bilden den Komparativ auf -**re**, den Superlativ auf **-st.**

Adjektiv	Komparativ	Superlativ
ægte *echt*	**ægtere**	**ægtest**
stille *still*	**stillere**	**stillest**

4. Mehrsilbige Adjektive, Adjektive auf **-en**, Partizipien, zweisilbige Adjektive auf **-sk** werden mit **mere** und **mest** gesteigert.

Adjektiv	Komparativ	Superlativ
romantisk *romantisch*	**mere romantisk**	**mest romantisk**

4. Adjektive mit unregelmäßiger Steigerung

Die wichtigsten unregelmäßigen Formen sind:

Adjektiv	Komparativ	Superlativ
ung *jung*	**yngre**	**yngst**
gammel *alt*	**ældre**	**ældst**
god *gut*	**bedre**	**bedst**
lille *klein*	**mindre**	**mindst**
stor *groß*	**større**	**størst**
få *wenig*	**færre**	**færrest**
meget *viel*	**mere**	**mest**

Der Komparativ hat nur eine Form: bestimmte und unbestimmte Formen in Singular sowie Plural werden nicht unterschieden.

en større båd *ein größeres Boot*
et større hus *ein größeres Haus*
nogle større både / huse einige *größere Boote / Häuser*
Båden er større. *Das Boot ist größer.*
Huset er større. *Das Haus ist größer.*
Bådene / Husene er større. *Die Boote / Häuser sind größer.*

§ 4 DAS ADVERB

4.1 Die Ortsadverbien

Die Ortsadverbien sind die Antwort auf die Frage **hvor?** *wo?* oder **hvorhen?** *wohin?*

Wohin?	*Wo?*
hjem *nach Hause*	**hjemme** *zu Hause*
op *hinauf*	**oppe** *oben*
ned *hinunter*	**nede** *unten*
ud *hinaus*	**ude** *draußen*
ind *hinein*	**inde** *drinnen*

4.2 Modale Adverbien

Die modalen Adverbien sind die Antwort auf die Frage **hvordan?** *wie?*

godt	*gut*	**venligt**	*freundlich*
dejligt	*schön*	**opmærksomt**	*aufmerksam*
forsigtigt	*vorsichtig*	**langsomt**	*langsam*

4.3 Temporale Adverbien

Die temporalen Adverbien sind die Antwort auf die Frage **hvornår?** *wann?*

nu	*jetzt*	**aldrig**	*nie*
før	*vorher*	**igen**	*wieder*
daglig	*täglich*	**snart**	*bald*
ofte	*oft*	**altid**	*immer*
allerede	*bereits*	**straks**	*gleich*

4.4 Adverbien der Menge

Die Adverbien der Menge sind die Antwort auf die Frage **hvor meget?** *wie viel?*

lidt	*wenig*	**meget**	*viel*
temmelig	*ziemlich*	**umådelig**	*unermesslich*
ganske	*ganz*		

4.5 Zustimmende / verneinende Adverbien

sikkert	*sicher*	**naturligvis**	*natürlich*
desværre	*leider*	**måske**	*vielleicht*
muligvis	*möglicherweise*	**heldigvis**	*glücklicherweise*

4.6 Bildung und Steigerung der Adverbien

Adverbien können auf verschiedene Weisen gebildet werden.

Utrum	Neutrum	Adverb
sen	**sent**	**sent**
moderne	**moderne**	**moderne**

Die neutrale Form des Adjektivs wird als Adverb verwendet.

Han kommer sent. *Er kommt spät.*
Hun klæder sig moderne. *Sie kleidet sich modern.*

Bei den Adverbien auf **-ig**, **-lig** fehlt das **-t**, wenn sie den Grad bezeichnen und vor einem Adjektiv stehen.

Han var rigtig glad. *Er war richtig froh.*
Det er dejlig varmt i dag. *Es ist schön warm heute.*

Aber:
Solen skinner dejligt. *Die Sonne scheint schön.*

Von Adjektiven abgeleitete Adverbien werden wie diese gesteigert.

Hun kommer senere. *Sie kommt später.*
Han kommer senest. *Er kommt am spätesten.*

Auch einige ursprüngliche Adverbien haben Steigerungsformen:

gerne *gern*	**hellere** *lieber*	**helst** *am liebsten*
ofte *oft*	**oftere** *öfter*	**oftest** *am häufigsten*

§ 5 DIE PRONOMEN

5.1 Personalpronomen

Bei den Personalpronomen kommen nur zwei Fälle vor: der Subjektfall (auf die Frage: Wer?) und der Objektfall (auf die Fragen: Wem? Wen?).

Subjekt		Objekt	
jeg	*ich*	**mig**	*mir, mich*
du / De	*du / Sie*	**dig / Dem**	*dir, dich / Ihnen, Sie*
han	*er*	**ham**	*ihm, ihn*
hun	*sie*	**hende**	*ihr, sie*
den, det	*es, es*	**den, det**	*ihm, es*
vi	*wir*	**os**	*uns*
I / De	*ihr / Sie*	**jer / Dem**	*euch / Ihnen, Sie*
de	*sie*	**dem**	*ihnen, sie*

Han und **hun** beziehen sich auf Personen, **den** (Utrum) und **det** (Neutrum) auf Sachen.

Die 2. Person Plural (Mehrzahl), also **ihr**, wird im Dänischen mit einem großen **„I"** geschrieben, „**i**" in Kleinschreibung bedeutet *in*.

5.2 Possessivpronomen

Die Possessivpronomen haben als Subjekt und Objekt dieselbe Form. In Geschlecht und Zahl richten sie sich nach dem zugehörigen Substantiv.

	ein Besitzer			mehrere Besitzer		
Utrum	**min**	**din**	**sin**	**vores**	**jeres**	**deres**
	mein(e)	*dein(e)*	*sein(e)/ ihr(e)*	*unser(e)*	*euer(e)*	*ihr(e)*
Neut.	**mit**	**dit**	**sit**			
	meine	*deine*	*seine/ ihre*			
Plural	**mine**	**dine**	**sine**	**vores**	**jeres**	**deres**
	meine	*deine*	*seine/ ihre*	*unsere*	*eure*	*ihre*

3. Person Singular

In der dritten Person Singular werden zwei Arten von Possessivpronomen unterschieden, je nachdem ob der Besitzer zugleich auch Subjekt des Satzes ist oder nicht. Ist der Besitzer zugleich Subjekt, so richtet sich das Pronomen in Geschlecht und Zahl nach dem Besitztum.

Singular		Plural
Utrum	Neutrum	
sin *sein(e) ihr(e)*	**sit**	**sine** *seine*

Han læser sin bog. *Er liest sein (eigenes) Buch.*
Han spiser sit æble. *Er isst seinen (eigenen) Apfel.*
Han læser sine bøger. *Er liest seine (eigenen) Bücher.*

Ist der Besitzer nicht Subjekt des Satzes, so richtet sich das Pronomen in Geschlecht und Zahl nach dem Besitzer.

Maskulinum	**hans** *sein(e)*
Femininum	**hendes** *ihr(e)*
Utrum / Neutrum	**dens / dets** *sein(e), ihr(e)*

Hans bil er rød. *Sein Auto ist rot.*
Hendes hus er blåt. *Ihr Haus ist blau.*
Dens farve er rød. *Die Farbe (des Autos) ist rot.*
Dets farve er blå. *Die Farbe (des Hauses) ist blau.*

Vergleichen Sie:

Han læser sin bog.	*Er liest sein (eigenes) Buch.*
Han læser hans bog.	*Er liest sein (z. B. Oles) Buch.*
Hun læser sin bog.	*Sie liest ihr (eigenes) Buch.*
Hun læser hendes bog.	*Sie liest ihr (z. B. Gretes) Buch.*

5.3 Demonstrativpronomen

In der Schriftsprache verwendet man die Formen **denne** (Utrum), **dette** (Neutrum) und **disse** (Plural). In der gesprochenen Sprache sind Kombinationen von Pronomen + Adverbien häufiger.

Utrum	Neutrum	Plural
den her	**det her**	**de her** *diese(r,s) / die / der / das hier*
den der	**det der**	**de der** *jene(r,s) / die / der / das da*

Denne mand er stor. *Dieser Mann ist groß.*
Det der hus er grønt. *Das Haus dort ist grün.*
De her børn er små. *Diese Kinder sind klein.*

5.4 Relativpronomen

1. Das gebräuchlichste Relativpronomen ist das unveränderliche **som**. Wenn **som** nicht Subjekt ist, kann es fehlen.

   Huset, som vi bor i, ... *das Haus, in dem wir wohnen, ...*

   Hun besøgte den veninde, (som) hun kender fra danskkurset.
   Sie hat die Freundin besucht, die sie vom Dänischkurs kennt.

2. **der** kann im Gegensatz zu **som** nur im Nominativ stehen und darf nicht fehlen.

   den kone, der går der, ... *die Frau, die dort geht, ...*
   de børn, der kommer her, *...die Kinder, die hier kommen, ...*

5.5 Reflexivpronomen

Das Reflexivpronomen entspricht in der 1. und 2. Person der Objektsform des Personalpronomens (**mig, dig, os, jer**), in der 3. Person heißt es **sig**.

han glæder sig *er freut sich*
hun glæder sig *sie freut sich*
de glæder sig *sie freuen sich*

Die Höflichkeitsform heißt:

De glæder Dem. *Sie freuen sich.*

5.6 Indefinitpronomen

Die Indefinitpronomen werden wie Adjektive dekliniert. Sie haben im Allgemeinen keine bestimmte Form. Sie können adjektivisch gebraucht werden oder ein Substantiv ersetzen.

Utrum	Neutrum	Plural
nogen	**noget**	**nogle** *irgendein(er,e)*
ingen	**intet**	**ingen** *kein(er,e)*
ikke nogen	**ikke noget**	**ikke nogen** *kein(er,e), nichts*
(en)hver	**(et)hvert**	*jede(r,s)*

Er der nogen? *Ist da jemand?*
Der er sket noget. *Es ist etwas passiert.*

Han har ingen søster, og jeg har heller ikke nogen.
Er hat keine Schwester, und ich habe auch keine.
Jeg hører ikke noget. *Ich höre nichts.*
Du drikker mælk hver dag. *Du trinkst jeden Tag Milch.*

Das Indefinitpronomen **man** hat folgende Formen:

Subjekt	**man** *man*
Objekt	**en** *einem, einen*
Genitiv	**ens** *eines*

5.7 Interrogativpronomen und Fragewörter

hvem	*wer, wem, wen*	**hvor**	*wo*
hvis	*wessen*	**hvorhen**	*wohin*
hvad	*was*	**hvorfra**	*woher*
hvordan	*wie*	**hvor længe**	*wie lange*
hvornår	*wann*	**hvorfor**	*warum*

§ 6 DIE NUMERALIEN

6.1 Grundzahlen

0	**nul**	7	**syv**	14	**fjorten**
1	**en, et**	8	**otte**	15	**femten**
2	**to**	9	**ni**	16	**seksten**
3	**tre**	10	**ti**	17	**sytten**
4	**fire**	11	**elleve**	18	**atten**
5	**fem**	12	**tolv**	19	**nitten**
6	**seks**	13	**tretten**	20	**tyve**

21	**enogtyve**
22	**toogtyve**
30	**tredive**
40	**fyrre**
50	**halvtreds**
60	**tres**
70	**halvfjerds**
80	**firs**
90	**halvfems**
100	**(et) hundrede**
101	**(et) hundrede og en**
200	**to hundrede**
201	**to hundrede og en**
1.000	**(et) tusind(e)**
10.000	**ti tusind(e)**
1.000.000	**en million**
2.000.000	**to millioner**

6.2 Ordnungszahlen

0	**nulte**
1	**første**
2	**anden**
3	**tredje**
4	**fjerde**
5	**femte**
6	**sjette**
7	**syvende**
8	**ottende**
9	**niende**
10	**tiende**
11	**ellevte**
12	**tolvte**
13	**trettende**
14	**fjortende**
15	**femtende**
16	**sekstende**
17	**syttende**
18	**attende**
19	**nittende**
20	**tyvende**
30	**tredivte**
40	**fyrretyvende**
50	**halvtredssindstyvende**
60	**tresindstyvende**
70	**halvfjerdssindstyvende**
80	**firsindstyvende**
90	**halvfemsindtyvende**
100	**hundrede**

§ 7 DAS VERB

7.1 Infinitiv und Hilfsverben

Der Infinitiv besteht aus dem Wortstamm und der Endung **-e.**

tal-e *sprechen*

Nach allen Hilfsverben steht das Hauptverb stets im Infinitiv. Dabei bleiben Hilfsverb und Hauptverb zusammen.

Jeg kan tale dansk. *Ich kann Dänisch sprechen.*

Einige kleine Wörter, wie z. B. **ikke** *nicht,* dürfen zwar dazwischen geschoben werden, doch die Infinitivform muss stets vor dem Objekt stehen.

Jeg kan ikke tale dansk. *Ich kann nicht Dänisch sprechen.*

7.2 Verben im Präsens

Das Präsens bildet man, indem man ein **-r** an den Infinitiv anhängt, der meistens auf **-e** endet.

hedder *heißen*
kommer *kommen*
taler *sprechen*

In Gegensatz zum Deutschen ändert sich diese Endung nicht - ganz gleich, in welcher Person das Verb steht.

jeg hedder *ich heiße*
du hedder *du heißt*
han hedder *er heißt*
hun hedder *sie heißt*
den hedder *er / sie heißt*
det hedder *es heißt*
vi hedder *wir heißen*
I hedder *ihr heißt*
de / De hedder *sie / Sie heißen*

Nur Hilfsverben wie **kunne** *können*, **ville** *wollen* und **skulle** *sollen* haben im Präsens keine Endung.

7.3 Präteritum

Die dänischen Verben lassen sich in drei Gruppen einteilen: Die Gruppen 1 und 2 umfassen regelmäßige Verben, wobei die meisten Verben der Gruppe 1 angehören. Die Präteritum-Endungen werden an den Stamm des Verbs angehängt.

Zur Gruppe 3 gehören ca. 120 unregelmäßige Verben. Die Präteritumformen dieser Verben müssen gelernt werden.

	Verbstamm	Endung	Präteritum
Gruppe 1	**bo**	**-ede**	**boede**
Gruppe 2	**køb**	**-te**	**købte**
Gruppe 3	**drik**	**-**	**drak**

Die häufig verwendeten Hilfs- und Modalverben sind unregelmäßige Verben. Am besten lernen Sie diese auswendig.

7.4 Perfekt

Das Perfekt wird wie im Deutschen mit Hilfe der Verben **have** *haben* oder **være** *sein* und einem Partizip Perfekt gebildet.

Wann wird dabei **have** und wann **være** gebraucht? Die allermeisten Verben verlangen im Perfekt **have** *haben*. Einige Verben, die Bewegung ausdrücken, bilden das Perfekt aber mit **være** *sein*.

Wie wird das Partizip gebildet? An den Stamm des Verbs wird die Endung **-et** oder **-t** angehängt, z. B.

spis **har spis-t**
sejl **har sejl-et**
gå **er gå-et**

Endet das Präteritum auf **-ede**, muss **-et** angehängt werden. Bei der Präteritumendung **-te** muss **-t** angehängt werden.

7.5 Futur

Zur Bildung des Futurs wird **skal + Infinitiv** benutzt:

Jeg skal spille tennis i morgen. *Ich werde morgen Tennis spielen.*

In vielen Fällen wird einfach das **Präsens + Zeitangabe** (adverbiale Bestimmung) benutzt, um die Zukunft auszudrücken:

Jeg spiller tennis i morgen. *Ich spiele morgen Tennis.*

7.6 Der Imperativ

Der Imperativ entspricht dem Verbstamm, also meistens der Infinitivform ohne **-e**. Doppelkonsonanten werden im Auslaut vereinfacht.

Infinitiv	Imperativ
komme *kommen*	**Kom!** *Komm! Kommt! Kommen Sie!*
købe *kaufen*	**Køb!** *Kaufe! Kauft! Kaufen Sie!*

7.7 Das Passiv

Das Passiv kann man auf zwei Arten ausdrücken:

1. Das zusammengesetzte Passiv: Mit dem Hilfsverb **blive** *werden* und dem **Partizip Perfekt** des Hauptverbs.

   Kagerne bliver bagt i ovnen. *Die Kuchen werden im Ofen gebacken.*

2. Das einfache Passiv: Durch Anhängen der Endung **-s** an den Infinitiv des Verbs.

   Kagerne bage-s i ovnen. *Die Kuchen werden im Ofen gebacken.*

   (dabei entfällt das **-r** des Präsens);

Mit dem einfachen Präsens Passiv werden regelmäßig vorkommende Handlungen bezeichnet, mit dem zusammengesetzten Passiv einmalige Handlungen.

Manche Verben haben trotz Passivform aktive Bedeutung.

Jeg synes *ich finde*
Jeg mindes *ich erinnere mich an*
Jeg længtes *ich sehne mich*

Es gibt auch einige Wörter, bei denen die Endung **-s** anzeigt, dass mindestens zwei Personen etwas gemeinsam tun (Verben mit reziproker Bedeutung), z. B.

at mødes *sich treffen*
at ses *sich sehen*
at følges *zusammen gehen*

7.8 Konjugation: Starke Verben

Hier ist die Konjugation der wichtigsten unregelmäßigen Verben, die Sie in diesem Kurs gelernt haben.

Infinitiv	Präsens	Präteritum	Perfekt
være *sein*	**er**	**var**	**har været**
have *haben*	**har**	**havde**	**har haft**
kunne *können*	**kan**	**kunne**	**har kunnet**
måtte *dürfen*	**må**	**måtte**	**har måttet**
skulle *sollen*	**skal**	**skulle**	**har skullet**
få *bekommen*	**får**	**fik**	**har fået**
ville *wollen*	**vil**	**ville**	**har villet**

§ 8 DIE VERWENDUNG DER ZEITEN

Die Verwendung der Zeiten im Dänischen entspricht, mit zwei wichtigen Ausnahmen, jener der deutschen Sprache.

8.1 Perfekt auf Deutsch, Präteritum auf Dänisch

Beim Erzählen wird im Deutschen häufig auch das Perfekt benutzt, im Dänischen nur das Präteritum.

I går sov jeg længe. Så drak jeg en kop kaffe og spiste to rundstykker og et stykke wienerbrød.

Gestern habe ich lange geschlafen. Dann habe ich eine Tasse Kaffee getrunken und zwei Brötchen sowie ein Stück Plundergebäck gegessen.

8.2 Perfekt auf Dänisch, Präsens auf Deutsch

Im Dänischen wird das Perfekt verwendet, wenn ein Vorgang in der Vergangenheit angefangen hat und noch andauert:

Hun har boet i København siden 1990. *Sie wohnt seit 1990 in Kopenhagen.*
Han har arbejdet som tjener i tre år. *Er arbeitet seit drei Jahren als Kellner.*

8.3 Präteritum oder Perfekt?

Man benutzt das Perfekt,

- wenn der Zeitpunkt nicht definiert ist.
- wenn man eine Frage stellt, die allgemein auf die Vergangenheit Bezug nimmt (**Har du haft en god ferie?** *Hattest du einen schönen Urlaub?*)

Worte, die eine unbestimmte Zeit ausdrücken und daher das Perfekt verlangen, sind z. B.:

nogensinde, aldrig, tit, lige, een gang, mange gange, hele dagen, siden, allerede, ofte

Jeg har tit været i København. *Ich bin oft in Kopenhagen gewesen.*

Man benutzt das Präteritum,

- wenn es um einen bestimmten Zeitpunkt oder Zeitraum in der Vergangenheit geht.
- wenn eine Zeitbestimmung in der Vergangenheit vorhanden ist (**i går, for 2 uger siden**).

Worte, die einen bestimmten Zeitpunkt ausdrücken und auf die das Präteritum folgt, sind z. B.:

I går, i forgårs, i onsdags, for 3 år siden, for 2 uger siden, for fem minutter siden, sidste sommer, i 2002, i nat

Jeg var i København sidste sommer. *Letzten Sommer war ich in Kopenhagen.*

§ 9 PRÄPOSITIONEN

Präpositionen sind unflektierbare und meist unbetonte Wörter. In der Regel stehen sie vor Substantiven oder Pronomen.

af	*von, aus*	**fra**	*von, aus*
efter	*nach, hinter*	**hos**	*bei*
for	*um, zu, für, weil*	**i**	*in, seit, an, vor*
før	*bevor*	**med**	*mit*
foran	*vor*	**på**	*auf, an, in*
fordi	*weil*	**til**	*nach, zu, auf, in*

§ 10 KONJUNKTIONEN

Konjunktionen werden auch Bindewörter genannt, weil sie Wörter, Satzteile oder Sätze miteinander verbinden.

Die gebräuchlichsten Konjunktionen sind nachfolgend aufgelistet.

at	*dass*	**hvis**	*ehe*
da	*als (zeitlich)*	**men**	*aber*
enten ... eller	*entweder ... oder*	**(i)mens**	*während*
for	*denn*	**når**	*wenn*
fordi	*weil, da*	**selv om**	*obgleich*
hvis	*falls*	**og**	*und*

§ 11 DIE WORTSTELLUNG

Die regelmäßige Wortstellung im Aussagesatz ist:

Subjekt	Prädikat	(Negation)	Objekt
Susanne	**spiser**	**ikke**	**et æble.**
Susanne	*isst*	*nicht*	*einen Apfel.*

Wenn das Gleiche als Frage formuliert oder ein Objekt bzw. eine Umstandsangabe vorangestellt wird, kommt es zu einer Umkehrung – der sogenannten Inversion.

Prädikat	Subjekt	(Negation)	Objekt
Spiser	**Susanne**	**ikke**	**et æble?**
Isst	*Susanne*	*nicht*	*einen Apfel?*

Umstandsangabe	Prädikat	Subjekt	Objekt
Om morgenen	**spiser**	**Susanne**	**et æble.**
Morgens	*isst*	*Susanne*	*einen Apfel.*

ALLGEMEIN

ja	*ja*
nej	*nein*
ikke	*nicht*
jeg	*ich*
du	*du*
han	*er*
hun	*sie*
vi	*wir*
i	*ihr*
de	*sie*
men	*aber*
og	*und*
eller	*oder*
måske	*vielleicht*
til	*für*
desværre	*leider*
altid	*immer*
meget	*sehr*
lidt	*ein bisschen*
nok	*genug*
være	*sein*
have	*haben*
meget	*sehr*
lidt	*ein bisschen*
nok	*genug*
heldigvis	*glücklicherweise*
sikkert	*sicher*

1. BEGRÜSSUNG UND ABSCHIED

	Hej!	*Hallo!*
	Dav!	*Tag!*
	Dav(s)!	*Tag!*
	Goddag	*Guten Tag!*
	Godmorgen	*Guten Morgen!*
	Godaften	*Guten Abend!*
	Godnat	*Gute Nacht!*
	Hej!	*Hallo!*
	Hej hej!	*Tschüß!*
	Farvel!	*Tschüß!*
	Ha´ det godt!	*Mach's gut!*
	Vi ses!	*Wir sehen uns!*
	Hvordan har du det?	*Wie geht es dir?*
	Jeg hedder ...	*Ich heiße ...*
	Mit navn er ...	*Mein Name ist ...*
	Det er ...	*Das ist ...*
	Hvor kommer du fra?	*Woher kommst du?*
	Hvor bor du?	*Wo wohnst du?*
	er	*bin, bist etc.*
	komme	*kommen*
	hedde	*heißen*
	bor	*wohnen*
	engelsk	*Englisch*
en	**englænder**	*Engländer*
	England	*England*
	Frankrig	*Frankreich*
	fransk	*Französisch*
en	**franskmand**	*Franzose*
	nordmand	*Norweger*

	Norge	*Norwegen*
	norsk	*Norwegisch*
	svensk	*Schwedisch*
en	**svensker**	*Schwede*
	Sverige	*Schweden*
	tysk	*Deutsch*
en	**tysker**	*Deutscher*
	Tyskland	*Deutschland*
	Danmark	*Dänemark*
	dansk	*Dänisch*
en	**dansker**	*Däne*
	centrum	*Zentrum*
	fra	*aus*
	og	*und*
	i	*in*
	hvad	*wie, was*
	hvor	*wo*

2. ÜBER SICH SPRECHEN

	Hvordan går det?	*Wie geht's?*
	Jeg har det fint.	*Mir geht es gut.*
	Jeg har det ikke så godt.	*Mir geht es nicht so gut.*
	Jeg har det dårligt.	*Mir geht es schlecht.*
	forkølet	*erkältet*
	Er du gift?	*Bist du verheiratet?*
	ugift	*unverheiratet, ledig*
	fraskilt	*geschieden*
	Har du børn?	*Hast du Kinder?*
en	**datter**	*Tochter*
en	**søn**	*Sohn*
en	**mor**	*Mutter*
en	**far**	*Vater*
	forældre	*Eltern*
en	**søster**	*Schwester*
en	**bror**	*Bruder*
en	**kone**	*Ehefrau*
en	**mand**	*Ehemann*
en	**mormor**	*eine Großmutter (mütterlicherseits)*
en	**farmor**	*eine Großmutter (väterlicherseits)*
en	**morfar**	*ein Großvater (mütterlicherseits)*
en	**farfar**	*ein Großvater (väterlicherseits)*
en	**morbror**	*ein Onkel (mütterlicherseits)*
en	**farbror**	*ein Onkel (väterlicherseits)*
et	**barnebarn**	*Enkel(in)*
	heller ikke	*auch nicht*
	ikke	*nicht*
	også	*auch*
	så	*so*

3. AUSSEHEN UND PERSONENBESCHREIBUNGEN

sød	*nett*
sympatisk	*sympatisch*
usympatisk	*unsympatisch*
venlig	*freundlich*
glad	*fröhlich*
genert	*schüchtern*
fræk	*frech*
flot	*gut aussehend*
smuk	*hübsch*
dum	*dumm*
klog	*klug*
stor	*groß*
lille	*klein*
tyk	*dick*
tynd	*dünn*
slank	*schlank*
ung	*jung*
gammel	*alt*
muskuløs	*muskulös*
høj	*groß (in Bezug auf Größe)*
jeg er	*ich bin*
du er	*du bist*
han er	*er ist*
hun er	*sie ist*
den er	*es ist*
det er	*es / das ist*
vi er	*wir sind*
I er	*ihr seid*
de / De er	*sie / Sie sind*
Hvor gammel er du?	*Wie alt bist du?*
et år	*Jahr*
gammel	*alt*
en, et	*eins*
to	*zwei*
tre	*drei*
fire	*vier*
fem	*fünf*
seks	*sechs*
syv	*sieben*
otte	*acht*
ni	*neun*
ti	*zehn*
elleve	*elf*
tolv	*zwölf*
tretten	*dreizehn*
fjorten	*vierzehn*
femten	*fünfzehn*
seksten	*sechzehn*
sytten	*siebzehn*
atten	*achtzehn*
nitten	*neunzehn*
tyve	*zwanzig*

4. LEBENSMITTEL EINKAUFEN

på apoteket	*in der Apotheke*
på torvet	*auf dem Markt*
hos bageren	*beim Bäcker*
hos slagteren	*beim Metzger*
hos grønthandleren	*beim Obst- und Gemüsehändler*

	hos fiskehandleren	*beim Fischhändler*
	i supermarkedet	*im Supermarkt*
	i døgnkiosken	*im Kiosk*
	enogtyve	*21*
	toogtyve	*22*
	treogtyve	*23*
	tredive	*30*
	fyrre	*40*
	halvtreds	*50*
	tres	*60*
	halvfjerds	*70*
	firs	*80*
	halvfems	*90*
(et)	**hundrede**	*100*
en	**mælk**	*Milch*
en	**ost**	*Käse*
en	**smør**	*Butter*
en	**yoghurt**	*Joghurt*
en	**spegepølse**	*Mettwurst*
et	**rugbrød**	*Vollkornbrot*
et	**franskbrød**	*Weizenbrot*
	æbler	*Äpfel*
	appelsiner	*Orangen*
	pærer	*Birnen*
	sild	*Hering*
	syltetøj	*Marmelade*
en	**leverpostej**	*Leberpastete*
	kartofler	*Kartoffeln*
	tomater	*Tomaten*
	æg	*Eier*
en	**kylling**	*Hähnchen*
	svinekød	*Schweinefleisch*
	lakrids	*Lakritz*
	stor	*groß*
	større	*größer*
	lille	*klein*
	mindre	*kleiner*
	god	*gut*
	bedre	*besser*
	gammel	*alt*
	ældre	*älter*
	billig	*billig*
	dyr	*teuer*
	sund	*gesund*
	noget	*etwas*
	nogle	*einige*
	mange	*viele*

5. IM CAFÉ

	Hvad vil du have?	*Was möchtest du haben?*
	Jeg vil gerne have ...	*Ich möchte bitte ...*
en	**kop kaffe med sukker**	*eine Tasse Kaffee mit Zucker*
en	**kop kaffe uden fløde**	*eine Tasse Kaffee ohne Sahne*
en	**kop te**	*eine Tasse Tee*
en	**kop chokolade**	*eine Tasse Schokolade*
et	**lille stykke kage**	*ein kleines Stück Kuchen*
en	**danskvand**	*Mineralwasser*
en	**juice**	*Fruchsaft*

et	**glas vin**	*ein Glas Wein*
en	**øl**	*Bier*
	Skål!	*Prost!*
en	**flaske**	*Flasche*
en	**kop**	*Tasse*
et	**glas**	*Glas*
en	**kande**	*Kanne*
en	**chokolade**	*Schokolade*
en	**kaffe**	*Kaffee*
en	**te**	*Tee*
en	**rødvin**	*Rotwein*
en	**hvidvin**	*Weißwein*
en	**vand**	*Wasser*
en	**juice**	*Fruchtsaft*
	Hvad koster ...?	*Wie viel kostet ...?*
	Den / Det koster ...	*er/sie/es kostet ...*
en	**chokoladekage**	*Schokoladenkuchen*
en	**gulerodskage**	*Möhrenkuchen*
en	**æbletærte**	*Apfeltorte*
en	**kyllingesalat**	*Hähnchensalat*
en	**rejesalat**	*Krabbensalat*
en	**suppe**	*Suppe*
en	**øl**	*Bier*
en	**snaps**	*Schnaps*
en	**sandwich**	*Sandwich*
en	**pølse**	*Wurst*
et	**smørrebrød**	*belegtes Brot*
et	**stykke**	*Stück*
en	**omelet**	*Omelett*
en	**burger**	*Burger*

6. IM RESTAURANT

	gerne	*gerne*
	bestille	*bestellen*
	hvornår	*wann*
	lørdag	*Samstag*
	tid	*Zeit*
	klokken...	*(um) Uhr*
	i orden	*in Ordnung*
	Tak skal du have!	*Danke!*
	Selv tak!	*Bitte!*
	Er det her bord ledigt?	*Ist dieser Tisch noch frei?*
	Må vi få spisekortet?	*Können wir die Speisekarte haben?*
	Jeg vil gerne have ...	*Ich möchte gern ...*
en	**forret**	*Vorspeise*
en	**hovedret**	*Hauptspeise*
en	**dessert**	*Nachspeise*
en	**fisk**	*Fisch*
	kød	*Fleisch*
	hønsekød	*Hähnchenfleisch*
	grøntsager	*Gemüse*
	Kan jeg få regningen, tak!	*Die Rechnung, bitte!*
	kunne	*können*
	ville	*wollen*
	skulle	*solle*
	måtte	*dürfen*

	spisekort	*Speisekarte*
	værsgo	*bitte*
en	**stegt ål med kartofler**	*gebratener Aal mit Kartoffeln*
en	**bøf med løg**	*Hacksteak mit Zwiebeln*
	hellere	*lieber*
	dele	*teilen*
en	**tjener**	*Ober*
	bestille	*bestellen*
	klar	*bereit*
	Hvordan smager det?	*Wie schmeckt es?*
	Det smager ...	*Es schmeckt ...*
	godt	*gut*
	lækkert	*lecker*
	kedeligt	*langweilig*
	ikke så godt	*nicht so gut*

7. DAS WETTER

Hvordan er vejret?	*Wie ist das Wetter?*
Vejret er dejligt.	*Das Wetter ist schön.*
Det er solskinsvejr.	*Die Sonne scheint.*
Hvor varmt er det?	*Wie warm ist es?*
Det er 20 grader.	*Es hat 20 Grad.*
Det er koldt.	*Es ist kalt.*
Det regner.	*Es regnet.*
Det sner.	*Es schneit.*
Det er tåget.	*Es ist neblig.*
Det blæser.	*Es ist windig.*
årstid	*Jahreszeit*
om foråret	*im Frühling*
om sommeren	*im Sommer*
om efteråret	*im Herbst*
om vinteren	*im Winter*
godt	*gut*
dårligt	*schlecht*
når	*wenn*
hele tiden	*die ganze Zeit*
i morgen	*morgen*
Det er godt at høre.	*Schön zu hören.*
komme hjem	*nach Hause kommen*
her	*hier*
dog	*doch*
lidt	*etwa*
jamen	*also*

8. LANDSCHAFT UND NATUR

badebukser	*Badehose*
badedragt	*Badeanzug*
bikini	*Bikini*
topløs	*oben ohne*
tage solbad	*sich sonnen*
gå i vandet	*ins Wasser gehen*
svømme	*schwimmen*
bade	*baden*
leje en båd	*ein Boot mieten*
fiske	*angeln*

en	ø	*Insel*
en	å	*Bach*
	i	*in*
en	fisk	*Fisch*
en	båd	*Boot*
en	havn	*Hafen*
	vandre	*wandern*
	sejle	*segeln*
	lede efter	*suchen*
et	rav	*Bernstein*
et	hav	*Meer*
en	strand	*Strand*
en	bakke	*Hügel*
en	klit	*Düne*
en	skov	*Wald*
et	fyrtårn	*Leuchturm*
	hvordan	*wie*
	hvad	*was*
	hvilke	*welche / -r / -s*
	hvornår	*wann*
	hvem	*wer*
	hvorfor	*warum*
	hvor	*wo*

9. IN DER STADT

en	kirke	*Kirche*
et	posthus	*Post*
en	bank	*Bank*
en	pengeautomat	*Geldautomat*
en	frisør	*Frisör*
et	apotek	*Apotheke*
et	turistbureau	*Touristeninformation*
en	politistation	*Polizeistation*
et	parkeringshus	*Parkhaus*
en	postkasse	*Briefkasten*
	penge	*Geld*
	jeg synes	*ich finde*
	tømmes	*wird geleert*
	veksles	*wird gewechselt*
	mødes	*sich treffen*
	ses	*sich sehen*
	følges	*zusammen gehen*
	skændes	*sich streiten*
	enes	*sich einigen*
	hjælpes ad	*sich helfen*
	jo	*doch*
	skal	*sollen*
	forslå	*vorschlagen*
et	hjørne	*Ecke*
	lide	*mögen*
	lad os	*lass uns*
	Fint!	*Gut!*

10. WEGBESCHREIBUNGEN

Kan du sige mig, hvordan ...	*Kannst du mir sagen, wie ...*
Hvor ligger ...	*Wo liegt / ist ...*
hen til	*zur/zum*
gå	*gehen*
til venstre	*nach links*
ved hjørnet	*an der Ecke*

	ved krydset	*an der Kreuzung*
	til højre	*nach rechts*
	ved lyskurven	*an der Ampel*
	den anden side	*die andere Seite*
	ligeud	*geradeaus*
	ved siden af	*neben*
	foran	*davor*
	overfor	*gegenüber*
	ved	*bei*
	bag ved	*hinter*
	mellem	*zwischen*
	på torvet	*auf dem Marktplatz*
	køre	*fahren*
	dreje	*abbiegen*
	Undskyld!	*Entschuldigung!*
	Tak for hjælpen!	*Danke für die Hilfe!*
en	**banegård**	*Bahnhof*
et	**teater**	*Theater*
et	**hotel**	*Hotel*
et	**museum**	*Museum*

11. REISE UND VERKEHR

	køre	*fahren*
en	**cykel**	*Fahrrad*
en	**knallert**	*Moped*
en	**bus**	*Bus*
et	**tog**	*Zug*
en	**bil**	*Auto*
en	**taxa**	*Taxi*
en	**færge**	*Fähre*
	gå	*gehen*
en	**banegård**	*Bahnhof*
et	**busstoppested**	*Bushaltestelle*
en	**lufthavn**	*Flughafen*
en	**rutebilstation**	*Omnibusbahnhof*
en	**færgehavn**	*Fährhafen*
et	**parkeringshus**	*Parkhaus*
	og	*und*
	men	*aber*
	eller	*oder*
	fordi	*weil*
	når	*wenn, immer wenn*
	hvis	*falls*
	at	*dass*
	vente	*warten*
	køre	*fahren*
	købe	*kaufen*
	stille	*stellen*
en	**billet**	*Fahrkarte*
	afgå	*abfahren*
	ankomme	*ankommen*
et	**spor**	*Gleis*
en	**enkeltbillet**	*Einzelfahrkarte*
en	**pladsbillet**	*Platzreservierung*
	skifte	*umsteigen*
en	**køreplan**	*Fahrplan*
	forsinket	*verspätet*

	undervejs	*unterwegs*
	Det bliver ...	*Das werden/ wird...*

12. WOHNEN

et	**værelse**	*Zimmer*
en	**stue**	*Wohnzimmer*
et	**børneværelse**	*Kinderzimmer*
et	**soveværelse**	*Schlafzimmer*
et	**køkken**	*Küche*
et	**badeværelse**	*Badezimmer*
et	**toilet**	*Toilette*
en	**kælder**	*Keller*
en	**have**	*Garten*
en	**entre**	*Flur*
en	**stol**	*Stuhl*
en	**sofa**	*Sofa*
et	**bord**	*Tisch*
en	**reol**	*Regal*
en	**seng**	*Bett*
et	**skab**	*Schrank*
et	**skrivebord**	*Schreibtisch*
en	**lampe**	*Lampe*
et	**spejl**	*Spiegel*
et	**billede**	*Bild*
et	**ur**	*Uhr*
en	**lejlighed**	*Wohnung*
et	**hus**	*Haus*
en	**bondegård**	*Bauernhof*
	eje	*besitzen*
	leje	*mieten*
et	**år**	*Jahr*

13. KLEIDUNG

en	**trøje**	*Pullover*
	bukser	*Hose*
en	**skjorte**	*Hemd*
en	**kjole**	*Kleid*
en	**bluse**	*Bluse*
en	**frakke**	*Mantel*
et	**par sko**	*ein Paar Schuhe*
en	**nederdel**	*Rock*
	Må jeg prøve ...	*Kann ich ... anprobieren?*
et	**slips**	*Krawatte*
	briller	*Brille*
	støvler	*Stiefel*
	strømper	*Strümpfe*
	handsker	*Handschuhe*
et	**par**	*ein Paar*
	hvid	*weiß*
	grøn	*grün*
	blå	*blau*
	gul	*gelb*
	rød	*rot*
	brun	*braun*
	sort	*schwarz*
	mønstret	*gemustert*
	stribet	*gestreift*
	prikket	*gepunktet*
	blomstret	*geblümt*
	ternet	*kariert*
	broget	*bunt*
	Kan jeg hjælpe jer med noget?	*Kann ich euch helfen?*

	Jeg vil gerne se på ...	*Ich möchte gerne nach ... schauen.*
	kort	*kurz*
	lang	*lang*
en	**farve**	*Farbe*
	flot	*schick*
et	**prøverum**	*Umkleidekabine*
	Den passer.	*Es passt.*
	billig	*billig*
	dyr	*teuer*
	alligevel	*trotzdem*
	på udsalg	*im Angebot*
en	**størrelse**	*Größe*
	koster	*kosten*
et	**stof**	*Stoff*
	bomuld	*Baumwolle*
	Bukserne klæder dig.	*Die Hose steht dir.*
	Jeg kan godt lide ...	*Ich mag ...*
	Jeg kan ikke lide ...	*Ich mag nicht ...*
	Jeg kan bedre lide ...	*Ich mag lieber .../ Mir gefällt besser ...*

14. FREIZEITAKTIVITÄTEN

en	**mandag**	*Montag*
en	**tirsdag**	*Dienstag*
en	**onsdag**	*Mittwoch*
en	**torsdag**	*Donnerstag*
en	**fredag**	*Freitag*
en	**lørdag**	*Samstag*
en	**søndag**	*Sonntag*
	om mandagen	*montags*
	om morgenen	*morgens*
	om aftenen	*abends*
	svømme	*schwimmen*
	sejle	*segeln*
	spille fodbold	*Fußball spielen*
	cykle	*Fahrrad fahren*
	løbe	*laufen*
	gå tur	*spazieren gehen*
	Hvad er klokken?	*Wie spät ist es?*
	Klokken er otte.	*Es ist acht Uhr.*
	ni	*neun*
	kvart(er) over otte	*Viertel nach acht*
	fem	*fünf*
	halv syv	*halb sieben*
	to	*zwei*
	fem minutter i halv et	*fünf Minuten vor halb eins*
	ti minutter i to	*zehn Minuten vor zwei*

15. TAGESABLAUF

stå tidligt op	*früh aufstehen*
stå sent op	*spät aufstehen*
gå i brusebad	*duschen*
spise morgenmad	*frühstücken*
læse avis	*Zeitung lesen*

	gå på arbejde	*zur Arbeit gehen*
	gå på indkøb	*einkaufen*
	lave mad	*kochen*
	se fjernsyn	*fernsehen*
	gå i seng	*ins Bett gehen*
	drikke en kop kaffe	*Kaffee trinken*
	spise frokost	*Zu Mittag essen*
	have fri fra arbejde	*Feierabend haben*
	handle ind	*einkaufen*
	være hjemme	*zu Hause sein*
	slappe af	*entspannen*
	læse en bog	*ein Buch lesen*
	læse avis	*Zeitung lesen*
	sove længe	*lange schlafen*
	spise	*essen*
	gå i biografen	*ins Kino gehen*
et	**kunstmuseum**	*Kunstmuseum*
en	**udstilling**	*Ausstellung*
	desværre	*leider*
	God rejse!	*Gute Reise!*
en	**morgen**	*Morgen*
en	**formiddag**	*Vormittag*
en	**middag**	*Mittag*
en	**eftermiddag**	*Nachmittag*
en	**aften**	*Abend*
en	**nat**	*Nacht*
en	**morgenmad**	*Frühstück*
en	**brunch**	*Brunch*
en	**frokost**	*Mittagessen*
en	**eftermiddagskaffe**	*Nachmittagskaffee*
en	**aftensmad**	*Abendessen*
en	**aftenskaffe**	*Abendkaffee*
en	**natmad**	*Nachtmahlzeit*
	i tirsdags	*letzten Dienstag*
	i onsdags	*letzten Mittwoch*
	i torsdags	*letzten Donnerstag*
	i morges	*heute Morgen*
	i eftermiddags	*heute Nachmittag*
	i går	*gestern*
	i forgårs	*vorgestern*
	i sidste uge	*letzte Woche*
	for en time siden	*vor einer Stunde*
	for to uger siden	*vor zwei Wochen*
	for en måned siden	*vor einem Monat*
en	**weekend**	*Wochenende*

16. FESTE FEIERN

et	**forår**	*Frühling*
en	**sommer**	*Sommer*
et	**efterår**	*Herbst*
en	**vinter**	*Winter*
en	**påske**	*Ostern*
en	**jul**	*Weihnachten*
en	**årstid**	*Jahreszeit*
et	**gækkebrev**	*Scherzbrief*
et	**påskeæg**	*Osterei*
et	**juletræ**	*Weihnachtsbaum*
en	**påskehare**	*Osterhase*

en	**heks**	*Hexe*
et	**bål**	*Feuer*
et	**græskar**	*Kürbis*
et	**stearinlys**	*Kerze*
en	**gave**	*Geschenk*
et	**julehjerte**	*Weihnachtsherz*
en	**dag**	*Tag*
en	**uge**	*Woche*
en	**måned**	*Monat*
et	**år**	*Jahr*
et	**sekund**	*Sekunde*
et	**minut**	*Minute*
en	**time**	*Stunde*
	januar	*Januar*
	februar	*Februar*
	marts	*März*
	april	*April*
	maj	*Mai*
	juni	*Juni*
	juli	*Juli*
	august	*August*
	september	*September*
	oktober	*Oktober*
	november	*November*
	december	*Dezember*
	Tillykke!	*Glückwunsch!*
	Hjertelig tillykke med fødselsdagen!	*Herzlichen Glückwunsch zum Geburtstag!*
	første	*erste*
	anden	*zweite*
	tredje	*dritte*

fjerde	*vierte*
femte	*fünfte*
sjette	*sechste*
syvende	*siebte*
ottende	*achte*
niende	*neunte*
tiende	*zehnte*
ellevte	*elfte*
tolvte	*zwölfte*
trettende	*dreizehnte*
fjortende	*vierzehnte*
femtende	*fünfzehnte*
sekstende	*sechzehnte*
syttende	*siebzehnte*
attende	*achtzehnte*
nittende	*neunzehnte*
tyvende	*zwanzigste*
enogtyvende	*einundzwanzigste*
toogtyvende	*zweiundzwanzigste*
treogtyvende	*dreiundzwanzigste*
fireogtyvende	*vierundzwanzigste*
femogtyvende	*fünfundzwanzigste*
seksogtyvende	*sechsundzwanzigste*
otteogtyvende	*siebenundzwanzigste*
otteogtyvende	*achtundzwanzigste*
niogtyvende	*neunundzwanzigste*

	tredivte	*dreißigste*

17. KULTUR UND UNTERHALTUNG

	seværdigheder	*Sehenswürdigkeiten*
en	**kirke**	*Kirche*
et	**rådhus**	*Rathaus*
et	**slot**	*Schloss*
	den gamle by	*die Altstadt*
et	**museum**	*Museum*
en	**udstilling**	*Austellung*
en	**rundvisning**	*Führung*
en	**film**	*Film*
	musik	*Musik*
et	**skuespil**	*Schauspiel/ Theaterstück*
	god mad	*gutes Essen*
	bade	*baden*
	kunst	*Kunst*
	i biografen	*ins Kino*
	i teatret	*ins Theater*
	på museum	*ins Museum*
	på restaurant	*ins Restaurant*
	til koncert	*zum Konzert*
	til stranden	*zum Strand*
	Skal vi gå i biografen?	*Sollen wir ins Kino gehen?*
	Vil du med?	*Willst du mit (kommen)?*
	Ja, det vil jeg gerne.	*Ja, das möchte ich gerne.*
	Nej, det gider jeg ikke.	*Nein, das mag ich nicht.*
	interessere	*interessieren*
	Det er en god ide.	*Das ist eine gute Idee.*
et	**sted**	*Ort*
en	**have**	*Garten*
	meget	*viel*

18. TIERE UND PFLANZEN

en	**hund**	*Hund*
en	**gris**	*Schwein, Ferkel*
en	**fisk**	*Fisch*
en	**kat**	*Katze*
en	**ko**	*Kuh*
en	**fugl**	*Vogel*
en	**ræv**	*Fuchs*
en	**abe**	*Affe*
en	**kanin**	*Kaninchen*
en	**hest**	*Pferd*
en	**elefant**	*Elefant*
en	**zoologisk have**	*Zoo*
en	**hundehvalp**	*Welpe*
et	**husdyr**	*Haustier*
	allergisk	*allergisch*
	katteallergi	*Katzenallergie*
	Foreningen til Dyrenes Beskyttelse	*Tierschutzverein*
en	**and**	*Ente*
en	**ælling**	*Entenküken, Entlein*
et	**svin**	*Schwein*

en	svane	*Schwan*
en	snegl	*Schnecke*
en	rosenhæk	*Rosenhecke*
en	rose	*Rose*
en	matros	*Matrose*
en	natugle	*Nachteule*
en	nattergal	*Nachtigall*
en	natteravn	*Nachteule*
et	hindbær	*Himbeere*
et	brombær	*Brombeere*
et	blåbær	*Blaubeere*
et	træ	*Baum*
en	mælkebøtte	*Löwenzahn*
en	brændenælde	*Brennnessel*
en	hyld	*Holunder*
et	insekt	*Insekt*
en	slange	*Schlange*
en	svamp	*Pilz*
en	plante	*Pflanze*
	vild	*wild*
	hæslig	*hässlich*
	smuk	*schön*
	grum	*grausam, grimmig*
	synge	*singen*

19. EINE UNTERKUNFT SUCHEN

	Jeg vil gerne have et værelse.	*Ich hätte gerne ein Zimmer.*
	et enkeltværelse	*ein Einzelzimmer*
	et dobbeltværelse med bad	*ein Doppelzimmer mit Bad*
	med brusebad	*mit Dusche*
	med morgenmad	*mit Frühstück*
	med fuld pension	*mit Vollpension*
	med udsigt til havet	*mit Meerblick*
	Hvor mange dage?	*Für wie viele Tage?*
	Alle værelser er desværre optaget.	*Leider sind alle Zimmer belegt.*
	nætter	*Nächte*
en	sal	*Stockwerk*
	per nat	*pro Nacht*
et	sommerhus	*Ferienhaus*
	Er der langt?	*Ist es weit?*
	ledigt	*frei*
en	sommerferie	*Sommerferien*
et	rejsepas	*Reisepass*
en	solcreme	*Sonnencreme*
en	parkeringsplads	*Parkplatz*
et	campingpas	*Campingpass*
en	campingferie	*Campingferien*
en	campingplads	*Campingplatz*
	sidste	*letzte*
	to hundrede	*200*
	fem hundrede	*500*
(et)	tusind	*1000*

(et)	**tusind og ni hundrede**	*1900*
	angående	*bezüglich*
	ærgerligt	*ärgerlich*
	Det beklager jeg.	*Das tut mir leid.*

20. IM URLAUB

en	**storbyferie**	*Großstadturlaub*
en	**strandferie**	*Strandurlaub*
en	**sommerhusferie**	*Ferienhausurlaub*
en	**hotelferie**	*Hotelurlaub*
en	**charterferie**	*Pauschalreise*
en	**skiferie**	*Skiurlaub*
en	**aktiv ferie**	*Aktivurlaub*
en	**højskole**	*Volkshochschule mit Übernachtung*
	blive hjemme	*zu Hause bleiben*
en	**aktivitet**	*Aktivität*
et	**vejr**	*Wetter*
et	**tøj**	*Kleidung*
	koldt	*kalt*
	mørkt	*dunkel*
	stå på ski	*Ski fahren*
	gå tur på stranden	*am Strand spazieren*
	samle	*sammeln*
	muslinger	*Muscheln*
	rav	*Bernstein*
	sejle i kano	*Kanu fahren*
	på ferie	*im Urlaub*
	tit	*oft*
en	**natur**	*Natur*
en	**forstening**	*Versteinerung*
	allerede	*bereits*
	kære	*liebe/-r*
	kærlig hilsen	*liebe Grüße*
	venlig hilsen	*freundliche Grüße*
	næste	*nächste*
	besøge	*besuchen*
	hver dag	*jeden Tag*
	ringe	*anrufen*

21. ARBEIT UND BERUF

Hvad laver du?	*Was machts du (beruflich)?*
Jeg er tjenestemand.	*Ich bin Beamter/ Beamtin.*
funktionær	*Angestellter, -e*
arbejder	*Arbeiter, -in*
pensionist	*Rentner, -in*
arbejdsløs	*arbeitslos*
Jeg arbejder i et firma.	*Ich arbeite in einer Firma.*
på et kontor	*in einem Büro*
i en forretning	*in einem Geschäft*
Jeg går i skole.	*Ich gehe zur Schule.*
Jeg er studerende.	*Ich bin Student/ Studentin.*
bager	*Bäcker/-in*
kok	*Koch/Köchin*

læge	*Arzt/Ärztin*
sygeplejerske	*Kranken-schwester/-pfleger*
lærer	*Lehrer/-in*
politimand	*Polizist/-in*
fisker	*Fischer/-in*
køre bus	*Bus fahren*
undervise	*unterrichten*
arbejde	*arbeiten*
bage	*backen*
brød	*Brot*
kage	*Kuchen*
rejse	*verreisen*
bygge broer	*Brücken bauen*
studere	*studieren*
hjælpe syge mennesker	*erkrankten Menschen helfen*
sælge	*verkaufen*
blomster	*Blumen*
fisker	*fischen*
fisk	*Fische*
arbejde	*arbeiten*
arbejdsplads	*Arbeitsplatz*
kolleger	*Kollegen*
chef	*Chef/-in*
arbejdsdag	*Arbeitstag*
løn	*Gehalt*

22. BEWERBUNG UND MEDIEN

Tillykke!	*Gratuliere!*
Tillykke med din eksamen!	*Ich gratuliere zum Examen!*
De hjerteligste lykønskninger i anledning af fødselsdagen!	*Die herzlichsten Glückwünsche zum Geburtstag!*
De bedste ønsker!	*Die besten Wünsche!*
Held og lykke!	*Viel Glück!*
God weekend!	*Schönes Wochenende!*
God ferie!	*Schöne Ferien!*
personlige oplysninger	*persönliche Angaben*
uddannelse	*Ausbildung*
erhvervserfaring	*Beruflicher Werdegang*
frivilligt arbejde	*ehrenamtliche Arbeit*
kurser og efteruddannelse	*Kurse und Weiterbildung*
sprogkundskaber	*Sprachkenntnisse*
IT-kompetencer	*Informatikkenntnisse*
fritidsinteresser	*Freizeitinteressen*
referencer	*Referenzen*

en	**jobsamtale**	*Vorstellungsgespräch*
en	**CD**	*CD*
en	**printer**	*Drucker*
en	**scanner**	*Scanner*
	downloade	*herunterladen*
et	**papir**	*Papier*
et	**tastatur**	*Tastatur*
en	**e-mail**	*E-Mail*
en	**DVD**	*DVD*
en	**mus**	*Maus*
et	**internet**	*Internet*
	surfe	*surfen*
et	**program**	*Programm*
en	**novelle**	*Novelle*
en	**krimi**	*Krimi*
en	**gyser**	*Thriller*
en	**dyrefilm**	*Tierfilm*
en	**dokumentarfilm**	*Dokumentarfilm*
en	**komedie**	*Komödie*
en	**avis**	*Zeitung*
et	**ugeblad**	*Illustrierte*
en	**tegneserie**	*Comic*
en	**forfatter**	*Autor*
	kendt	*bekannt*
	god	*gut*
	bedre	*besser*
	bedst	*am besten*
	spændende	*spannend*
	mere	*mehr*

23. TELEFONIEREN UND ZUKUNFTSPLÄNE

	telefonere	*telefonieren*
en	**telefonboks**	*Telefonzelle*
et	**områdenummer**	*Vorwahl*
	Drej 112, det er alarm.	*Wählen Sie 112, das ist der Notruf.*
	Det er ...	*Hier spricht ...*
	Jeg vil gerne tale med Malene Ladegård.	*Kann ich bitte Malene Ladegård sprechen?*
	Et øjeblik!	*Einen Augenblick, bitte!*
	Du har fået forkert nummer!	*Falsch verbunden!*
	ringe	*anrufen*
	tilbage	*zurück*
	senere	*später*
	lægge besked	*Nachricht hinterlassen*
	tale	*sprechen*
	salgsafdelingen	*Verkaufsabteilung*
	få fat i	*erreichen*
	ham	*ihm, ihn*
	på tirsdag	*am kommenden Dienstag*
	i overmorgen	*übermorgen*
	i aften	*heute Abend*
	i næste uge	*nächste Woche*

om en time	*in einer Stunde*
om to dage	*in zwei Tagen*
ind	*hinein*
ud	*hinaus*
ned	*hinunter*
op	*hinauf*
over	*über*
hen	*hin*
hjem	*nach Hause*
inde	*drinnen*
ude	*draußen*
nede	*unten*
oppe	*oben*
ovre	*drüben*
henne	*dort*
hjemme	*zu Hause*

24. KÖRPER UND GEFÜHLE

Ih, hvor er det fantastisk!	*Das ist ja toll!*
Ih, hvor er det dejligt!	*Das ist wunderbar!*
Det er jeg glad for.	*Das freut mich.*
Godt!	*Prima! In Ordnung!*
Det er en god ide!	*Gute Idee!*
Heldigvis!	*Zum Glück!*
Det er ærgerligt!	*Schade!*
Det er jeg ked af.	*Es tut mir leid!*
Det kan du ikke være bekendt!	*Das ist gemein!*
Sådan noget skidt!	*So ein Mist!*
romantisk	*romantisch*
genert	*schüchtern*
optimistisk	*optimistisch*
bekymret	*besorgt*
ordentlig	*ordentlich*
alvorlig	*ernst*
glad	*fröhlich*
morsom	*lustig*
elsker	*lieben*
sur	*sauer*
lide	*mögen*
mig	*mir, mich*
dig	*dir/dich*
ham	*ihm, ihn*
hende	*ihr, sie*
den	*der, es*
det	*das, es*
os	*uns*
jer	*euch*
dem	*ihnen*
et ansigt	*Gesicht*
et øje	*Auge*
en næse	*Nase*
en mund	*Mund*
et øre	*Ohr*
et hår	*Haar(e)*
et skæg	*Bart*
en arm	*Arm*

et	**ben**	*Bein*
en	**finger**	*Finger*
en	**fod**	*Fuß*
et	**hoved**	*Kopf*
en	**hals**	*Hals*
en	**hånd**	*Hand*
en	**mave**	*Bauch*

25. GESUNDHEIT

	Jeg føler mig dårlig tilpas.	*Ich fühle mich nicht wohl.*
	Jeg har kvalme.	*Mir ist übel.*
	Jeg har feber.	*Ich habe Fieber.*
	Jeg er forkølet.	*Ich bin erkältet.*
	Jeg har hovedpine.	*Ich habe Kopfschmerzen.*
	ondt i maven	*Bauchschmerzen*
	ondt i tanden	*Zahnschmerzen*
en	**hovedpinepille**	*Kopfschmerztablette*
en	**sovepille**	*Schlaftablette*
et	**apotek**	*Apotheke*
	kvalme	*Übelkeit*
	sove	*schlafen*
	feber	*Fieber*
en	**tandlæge**	*Zahnarzt/Zahnärztin*
	syg	*krank*
	tabe sig	*abnehmen*
	rask	*gesund*
	skære sig	*sich schneiden*
	slå sig	*sich (an etwas) stoßen*
	drikke mindre	*weniger trinken*
	alkohol	*Alkohol*
	dyrke motion	*Sport treiben*
	holde op	*aufhören*
	ryge	*rauchen*
	tid	*Zeit*
	mindre	*weniger*
	fjernsyn	*Fernsehen*
	Hvad for noget?	*Wie bitte?*
	Det har jeg ikke forstået.	*Das habe ich nicht verstanden.*
	Kan du sige det en gang til?	*Kannst du das nochmal sagen?*
	Kan du tale lidt langsommere?	*Kannst du ein wenig langsamer sprechen?*
	Hvad betyder det?	*Was bedeutet das?*
	Hvordan udtaler man det ord?	*Wie spricht man dieses Wort aus?*
	Nu har jeg forstået det.	*Jetzt habe ich es verstanden.*

Bildnachweis

Fotolia, New York: 10 (tivoly); **40** (Krawczyk-Foto); **50** (Sergii Figurnyi); **54** (tubas); **84** (badahos); **98** (cmfotoworks); **118** (william87); **121** (sharplaninac); **iStockphoto, Calgary, Alberta: 27** (Tarek El Sombati); **30.2** (Spectral-Design); **35.1** (barol16); **35.2** (STAMIK); **35.3** (modesigns58); **35.4** (Pamela Moore); **37** (t-lorien); **55.1** (Holger Mette); **55.2** (Plougmann); **55.4** (onfilm); **61.1**, **61.2** (IlexImage); **61.3** (sh22); **61.4** (ODV); **61.5** (photobac); **61.6** (PaulMaguire); **61.7** (John_Kasawa); **61.8** (Tokle); **66.1** (ultramarinfoto); **66.2** (tenkende); **66.3** (nicolecioe); **66.4** (caracterdesign); **102.2** (elfinima); **106.2** (OlegAlbinsky); **124.2** (sdominick); **124.6** (pixdeluxe); **PONS GmbH, Stuttgart: 53** (Pawel Miedzinski); **61.1** (Marlene Pohle); **72.1**, **72.2**, **72.3**, **72.4**, **72.5**, **72.6**, **72.7**; **Shutterstock, New York: U1** (ABCity3D); **U1** (Andreas Lorentzatos); **U1** (Hrynevich Yury); **8** (Jack Frog); **9** (Wirestock Images); **21.1** (Palmer Kane LLC); **21.2** (Alexander Raths); **21.3** (courtyardpix); **22** (RossHelen); **30.1** (kedsanee); **38** (William Perugini); **44** (SoleilC); **45** (Rebellion Works); **55.3** (Nadezhda1906); **55.5**, **94** (ricochet64); **55.6** (06photo); **58.1** (chin797); **58.2**, **80.4**, **88.1** (Africa Studio); **59.1** (Millena); **60** (Evikka); **66.5** (Larysa Kryvoviaz); **68.1** (marilyn barbone); **68.2** (fotohunter); **68.3** (Photo Melon); **68.4** (Kovalchuk Oleksandr); **71.1** (Suzanne Tucker); **71.2** (De Visu); **71.3** (Steve Collender); **71.4** (matimix); **71.5** (monticello); **71.6** (Jacob Lund); **71.7**, **106.1** (wavebreakmedia); **79** (Inspiring); **80.1** (Aleksova); **80.2** (Bernd Rehorst); **80.3** (Alik Mulikov); **81** (Apelavi); **88.2** (5 second Studio); **U1** (Igor Samoilik); **U1** (Red Tiger); **U1** (Stefano Ember); **88.3** (Rosa Jay); **88.4** (Tsekhmister); **88.5** (DnD-Production.com); **88.6**, **88.8** (Eric Isselee); **88.7** (Evlakhov Valeriy); **88.9** (Vaclav Volrab); **92** (Sudowoodo); **93.1** (MicheleBoiero); **93.2** (ONGUSHI); **99.1** (TDway); **99.2** (PhotographerCW); **102** (stockfour); **103.1** (Olena Yakobchuk); **103.2** (fizkes); **106.3** (monkeybusinessimages); **110.1** (AG-PHOTOS); **110.2** (Lek Changply); **110.3** (Mile Atanasov); **110.4** (Freeer); **116**, **124.3** (Monkey Business Images); **119.1** (Art_Photo); **119.2** (Yuliya Yafimik); **119.3** (Gelpi JM); **119.4** (Jochen Schoenfeld); **119.5** (Andrey_Popov); **119.6** (Ollyy); **119.7** (Minerva Studio); **119.8** (Orsolya Toth); **124.1** (Ubonwan Poonpracha); **124.4** (Fablok); **124.5** (Nomad_Soul); **U1** (Vadim Georgiev); **U1** (by-studio); **Thinkstock, München: 59.2** (Scovad); **69** (DutchScenery); **117** (Ljupco)